死者の告白

30人に憑依された女性の記録

奥野修司

講談社

死者の告白
30人に憑依された女性の記録

目次

第2部　乱入　95

第3部　祈り　187

扉を開く前に

柳田国男の『遠野物語』は次のように始まっている。

「この話はすべて遠野の人佐々木鏡石君より聞きたり。昨明治四十二年の二月頃より始めて夜分をりをり訪ね来たり、この話をせられしを筆記せしなり。鏡石君は話上手にはあらざれども誠実なる人なり。自分もまた一字一句をも加減せず感じたるまゝを書きたり……」

その謂《い》いにならえば、この物語は次のようになる。

「この話はすべて宮城県の人、高村英《たかむらえい》さんより聞いたものである。令和二年の五月頃より、僕がたびたび仙台に足を運んで筆記したが、英さんは時折難しい異次元の言葉を遣うので理解するのがなかなか大変だった。しかし、彼女は誠実で理知的な人だ。耳にした話はできるだけ加減せず、感じたままを書いたつもりである」

こうして僕は、「憑依《ひょうい》」物語の扉を開けることになった。

ここに書いたことは誰もが納得できるような物語ではない。なにしろ根拠はないし、彼女が語った話は彼女しか知らない。正しいかどうかを検証することもできないのだから、どう読まれるかは読者にお任せするしかない。ただ、僕は僕なりにこれを単なる作り話ではないことを確信して書いたつもりだ。

その理由はいくつかある。まず「除霊」の儀式をしたのが、曹洞宗通大寺《つうだいじ》の金田諦《かねたたい》應《おう》住職という、僕が信頼している僧だということである。また、儀式は密かに行われたのではなく、医療者や宗教者など第三者が何人も目撃しており、儀式そのものにも加わっていた。彼女の記憶が正しいかどうかは検証できないが、少なくともその時起きた現象は「事実」であると言える。その内容も、金田住職と高村さんの間に多少の記憶違いはあるが、問題になるような差異はなかった。

僕は科学を信じている半面、信じることで成り立つ科学は、宗教とそれほど違わないとも思っている。人間も含めてこの世は合理的であり且つ非合理的な存在だ。だったら、目の前で起こっていることが確かなら、信じないまでも、まずは素直に受け止めたいと思う。かといって、それを他者に求めるつもりはない。高村さんが体験した30を超える憑依現象から13の物語を僕が選び記したのだが、この物語を「語りて平地人を戦慄せしめ」（『遠野物語』）るつもりは毛頭ない。どうも怪しそうだと思ったらファンタジーのように読んでほしい。読み終わる頃には、こんな世界もあるんだと、ちょっと驚いてもらえるはずである。

装幀　岡孝治

カバー写真　©SOURCENEXT CORPORATION/amanaimages

死者の告白　30人に憑依された女性の記録

「普通の生活」

子供の頃から、いつもわたしにはお友達が１人多かったように思う。

たとえば、お友達のおうちに遊びに行った時もそうです。お友達のお姉ちゃんが入って一緒に遊んだつもりで家に帰り、お姉ちゃんのことを母に報告すると、「だって英ちゃん、あそこはお兄ちゃんが２人で、女の子はあなたのお友達しかいないはずよ」と言われるんです。じゃ、一緒に遊んだあの子は誰なんだろうと思っていました。

小学校時代のある時、スピリチュアルな話をわたしと一緒にしていた友達から、「英ちゃん、もうこういう話をするのはやめよう」と、いきなり申し訳なさそうに言われたことがあります。その友達も、わたしと同じ世界を見ていたと思っていたのですが、実はわたしの「空想」に付き合ってくれていたんだと気づき、それからは人前でこうした話はしなくなりました。

わたしが最初に「死霊《しりょう》」を見たのは幼稚園に入る前だったかと思います。寒い時期ではなかった記憶がありますが、トイレに行った帰りに風呂場の前を通ると、白いワンピースを着た黒髪の女性が立っていたのです。

もっとも、当時は子供だったのでワンピースだと思ったのですが、今から思えば、あれは真っ白な死に装束だったのかもしれません。通り過ぎたあと、「あれ？」と思って、もう一度確かめようと風呂場に戻ると、誰もいないのです。

時間が飛びますが、中学生の頃に身内の法事があってお寺に行きました。本堂の横にあるお座敷に入ると親戚の人たちが集まっています。ふと見ると、奥座敷に亡くなった方たちの写真がずらっと並んでいました。

家族に「この写真は何？」と尋ねると、無縁仏になった人やお寺につながりのある人たちで、写真を飾って供養してもらっている人もいるという説明でした。

その時、おじいさんの妹にすごい綺麗な人がいて、その方の写真もここに飾られているんだよと言われて見せていただきました。そしたら、なんと幼稚園に入る前に風呂場の前で見たあの女性だったのです。写真をひっくり返してみるとわたしと同じ苗字でした。あれは身内の人だったんだと、その時初めて知ったのです。

他の人には見えないのに、わたしだけに見える人がいるというのは、小さい頃からごく普通のことでしたね。見えるといっても、オカルト映画によくある幽霊のように、ぼんやりと浮遊している人形《ひとがた》ではないのです。死んでいるとはわからないほどリアルでしたから、見分けがつかない時もありました。

でも学校では普通に過ごしていました。わたしの体質を知っている友人は数えるほどしかいませんでしたが、知られても気にしないし気にされたこともなかったと思う。

ただしょっちゅう心霊現象に出遭うので、面倒くさいと思ったことはよくありました。妹がカラオケボックスに行って帰ってきた時でした。そこで、すごく怖い思いをしたと言うのです。その時、妹の横に女の人がいるのが見えたので「それって女の人の声だったでしょ」と言ったら、母も妹も「なんでわかるの?」と言うんです。「だって、連れてきてるじゃない?」と言った途端、母にものすごく叱られました。それからは、母や妹の前でもそういうことを言うのはタブーなんだと思って言わなくなりました。

これは高校時代ですが、部活が終わって帰りが遅くなった日でした。もう暗くなっていましたね。靴に履き替えようと思って下駄箱に近づくと、幼稚園に入る前ぐらいのスカートをはいた女の子が、下駄箱の向こうからいきなりあらわれたのです。長い髪の毛を揺らして、わたしの横を通り過ぎました。ペタペタとコンクリートの床を走る音が聞こえましたから、裸足だったのでしょう。こんな時間に保護者の呼び出しでもあったのかと思い、あたりを見回したのですが誰もいません。あんな小さな子が1人で遊んでいるなんて危ないと思い、すぐ追っかけました。すると階段を上がっていくのが見えたのに、今度は足音がしない。その瞬間、これは追っかけちゃ駄目なんだと気づきました。

当時は生きている人か死んでいる人か、見分けられませんでした。今では死者と生者の違いははっきりわかります。どこが違うのかと言われても説明が難しいのですが、勘というか、空気を読むような感覚でわかるとしか言い様がありません……。レンタルビデオ店などに行ったりすると、すれ違った人が連れていた霊を、わたしが拾ってしまうこともよくありました。もっとも霊を拾ったところで、わたしに何か影響を及ぼすことはなかったし、あの頃は我流ながらコントロールもできていたので、自分にとってそれほどリスキーなことではなかったのです。そばにいつも誰かの霊がいるというのが、当時のわたしには普通の生活でした。

学校生活も普通、家庭環境も普通でした。

霊が見えるというので、霊視してほしいと頼まれたことがあります。どんな霊視だったか忘れましたが、そのあとで生霊《いきりょう》を「除霊」したこともありました。「除霊」といっても、にらみ合いをして、その人に憑《つ》いた霊を引き離すのが精一杯でした。もっとも、「除霊」ではあの人たちがあまりにもかわいそうだから、自宅に連れて帰って共同生活しながら、時間をかけて浄化（浄霊《じょうれい》）するようなこともしていました。

当時のわたしが大事にしていたのは、今日は日が悪いから学校に行きたくないとか、この時間帯に歩くと良くないから30分ほど時間をずらそうとか、そういうことの方がわたしにとっては重要でした。「日が悪い」と言うと、なんとなく気乗りがしない日と思われがちですが、日が悪いと感じたのに何も対策をとらず、予定通りに行動すると必ず凶事に見舞われました。場合によっては、それは死につながりかねないことでした。「日が悪い」と感じ取るのは、わたしにとってネガティブな出来事を回避するためだったんです。

避けられない日もあります。そういう時は万全の備えで出かけます。絶対に駄目な日というのもありますが、そういう時は学校もさぼりました。


わたしの周りにいた亡くなった方の霊は、別に悪さをするわけではないので、普通に共同生活をしていましたね。こんなこともありました。

妹が霊を連れて帰ってしまい、妹の部屋に居座ったことがあるのです。とにかく部屋から出さないといけないと思い、そこから出て行かないと絶対に許さないみたいな気迫で移動させたのですが、わたしのような未熟な者がやると、少しずつしか動かないんです。超スローモーションの映画を見ているみたいで、もう一押し、もう一押しとやっているうちに、なんとわたしの部屋に来てしまったのです。仕方がないから、そのまま共同生活をしていたこともありましたね。

状況が変わったのは、高校時代に父ががんで亡くなってからです。父は特に信心深い人ではありませんでしたが、たぶん神様に愛されていたんだと思います。わたしにとって神様というのは、皆さんが神様と呼んでいるような方とは違い、神棚にいて「見えているけど名前のわからないもの」たちでした。言うなれば座敷童《ざしきわらし》のようなものでしょうか。父がいる間はうまくバランスがとれていたのに、その父が亡くなって崩れたんですね。

それまでは、わたしの周りにたくさんの霊がいても、コントロールすることができていたので何も問題はなかったのに、父の死をきっかけにして次第にコントロールが難しくなっていきました。やがてこれが霊たちの大暴走につながるとは……。

あれは初七日を過ぎた頃でした。亡くなった方の霊にも怖い霊がいると初めて知ったのです。なによりギョッとしたのは、わたしのお腹から女性の顔が出ていたことでした。わたしのお腹に顔が生えたように飛び出し、こっちを向いているんです。あれは学校帰りの暗い道を1人で歩いていた時でしたから、本当にびっくりしました。慌てて近くのコンビニに駆け込み、母に電話して迎えに来てもらった記憶があります。父が亡くなるまではそんなことは一度もなかったのですが、この一事だけでなく、亡くなってからはギョッとするようなことがしばしば起こるようになりました。

高校生活は自由気ままでしたね。とはいっても不良ではありません。成績は上位をキープしていました。本当は理系の大学で学びたかったのですが、金銭的に無理そうだったので諦め、自分で働いて学費を払える看護師の学校に行きました。学校を卒業すると派遣の看護師になったのですが、その3年後に東日本大震災が起こったのです。

3月11日の夜は、職場の机の上にラジオを置いてみんなで聴いていました。そのラジオから、仙台の荒浜《あらはま》に200人から300人の遺体が上がったというのが流れたんです。それを聞いた瞬間、震災関係の情報は全てシャットアウトしようと決めました。こういう体質なので、テレビやラジオでニュースを観たり聴いたりしても（霊を）拾ってしまうんです。これは今でもです。だから、わたしには震災に関する知識はほとんどないと思います。

その後、働いていた介護施設でこんなことがありました。

ホールには食事をしたり休憩したりするテーブルがあります。ある日、遅い時間にそこへ行くと、誰もいないのに、あるテーブルから首が出ているのが見えたんです。あれ、帰らなかった人がいるんだと思って近づこうとした瞬間、これは良くないと感じて踏みとどまりました。でも、目が合ったものだから、これは目をそらしたら負けると思い、向こうが消えていなくなるまでずっとにらみ合ったことがありました。

朝は利用者さんが来るのを玄関で迎えるのですが、その中には利用者さんじゃない人も何人かまじっているのです。そんなことがあって、そこは辞めました。でも、直接の理由はそれではありません。その施設で、わたしの足元を300匹ほどのヘビがすり抜けていくのを見たのです。

わたしにとって、ヘビや狐があらわれるというのは予知夢と同じで、何らかの凶事の予兆です。そういうことがあると、必ず1週間以内に何かが起こります。子供の頃からそうでしたから、不思議に思ったことはありませんでした。だからすぐ辞めたのですが、ただ、なぜかこの時は1週間経っても何も起こらなかったのです。

そこでまた就活を始めました。

ところが、そのうち「何か変だ」と感じるようになってきたのです。震災の翌年の5月に入ると、違和感というか、自分の感情なのに自分の感情ではない感覚がどんどん強くなってきました。高熱にうなされているわけでもないのに、身の置き所がないというか、うまく言葉で説明できないので「何か変だ」としか言えないのですが……。頭痛がする時もあれば目眩《めまい》がする時もあり、感情はジェットコースターのように不安定でした。

死ぬ理由もないのに、常に希死念慮《きしねんりょ》（死にたいと願うこと）がついて回る。体が重くて、典型的な鬱《うつ》の症状です。母に「死にたくないのに、すごく死にたい。わたしの頭がおかしくなった」と泣きながら話したこともあります。

違和感が異物感に変わるのはすぐでした。

それまでなんとかコントロールできていた霊も、完全にコントロールできなくなりました。何人もの「他者の声」がいつも頭の中で響いていました。とにかく人の声があちこちから聞こえてくるのです。わたしのうしろに、霊が長蛇の列をつくっている感じです。そういえば、あの頃は仙台市内のどこを歩いても、霊を連れて歩く人が多かったですね。

それまでは死者の霊がわたしの中に入って来ようとすると、スイッチを入れる感覚で蓋をすればシャットアウトできていたのに、それができなくなっていました。理由は、あまりにも大勢の霊が押し寄せたからでしょう。

その時、本心から怖くなりました。

病院に行けばきっと精神病にされてしまいます。というより、そのことで自分自身、病気じゃないかと思うようになったのです。

自分が自分でなくなっていく中で、なんとか自我を保ちながら「除霊」をしてくれるところをさがしました。いろいろと電話をしたのですが、値段が高額だったり「そういうのはやってません」と断られたりで、とうとう行き詰まってしまいました。

そんな時にパソコンで、「宮城　除霊」と入れると、栗原市《くりはらし》の通大寺がトップにあらわれたのです。なぜ通大寺がトップに出てきたのか、今でもわかりません。でもその瞬間、「ここだ!」と思いました。

電話をすると女性が出られ、すぐに住職さんから折り返しの電話がありました。来てもいいという返事に安心したのでしょう。ぎりぎり踏ん張っていた力が抜けると、向こうの世界から大勢の霊が一気にわたしの中に入ってきました。今まで頑張って閉めていた扉が、とうとう開いてしまったのです。次第に自分が自分でなくなっていくのがわかりました。その時はもう、息も絶え絶えでした。

第1部

予兆

「おにぎりが食べたい」と言った男子高校生の思い

第一印象は普通の女性だった

僕は、仙台駅から徒歩で10分ほどのところにある、広瀬通り沿いの建物に向かっていた。そこである女性が待っているはずである。

ただ、僕が知っているのは彼女の名前と、それに30代前半らしいということだけで、会ったこともないから顔も知らない。もし行き違いになったらどうしよう、などと考えながら歩いていると、目指す建物の前で、僕の方に向かって会釈する女性が見えた。

おしゃれで活動的で、見るからに明るそうな女性だった。

名前は高村英さん。近くのオフィス街で働いていると言われても違和感がない普通の女性である。でも、彼女の体験は普通ではなかった。

彼女こそ、東日本大震災の翌2012年6月から2013年の3月までの約10ヵ月間、宮城県栗原市にある曹洞宗の古刹《こさつ》、通大寺に通って、金田諦應住職に「除霊」をしてもらった女性なのだが、雰囲気からはとても想像できなかった。

通大寺は、今から500年以上前の1505年（永正2年）、中尊寺末寺の大通寺を移転し、中尊寺伝来の観音像を安置して開山した曹洞宗の寺院である。金田住職はこの通大寺の26世だ。寺院内には本堂の横に耕雲閣という建物があり、その中に20畳ほどの応接間がある。通常、霊に憑かれた高村さんが、最初に金田住職と対面するのがこの部屋だ。

金田住職は、彼女の中に20人ほど憑依していたと語っていたが、高村さんによれば、実際には30人以上いたそうである。通大寺の本堂で、憑依した霊を儀式にのっとって死者の行くべき世界に送っただけでなく、金田住職の講演を聞き終わった後で、会場の通路の端で憑依した霊数体を除霊してもらったこともあったという。

彼女が金田住職に「除霊」を受けたのは、僕が彼女に会った年から数えると8年も前だが、これまでその体験を、金田住職を通して一部が語られることはあっても、彼女自らが話すことはなかった。

死者がつないだ奇妙な縁

それがなぜ僕と会うことになったかといえば、ある意味で、拙著『看取り先生の遺言』（文藝春秋、2013年）で紹介した仙台市の岡部健医師のおかげといえた。岡部医師は、宮城県で2000人以上を看取った在宅緩和医療のパイオニアとして知られるが、東日本大震災の前に胃がんが見つかり、余命10ヵ月と宣告された。2012年9月に亡くなるまで、僕は彼の遺書を書くつもりでインタビューを続けて一冊の本にしたのだが、その岡部医師が高村さんとの出会いを仲介してくれたともいえる。

金田住職から彼女の連絡先を伺って電話を入れた時だった。いきなり彼女から「わたしは岡部先生と一緒に住んでいたことがある」と言われ、僕の頭の中は「えぇー?」とパニック状態になった。岡部医師が亡くなる寸前まで聞き取りをしていたのに、彼女の名前は聞いたことがない。いつ? どこで岡部さんと? それとも愛人?

あとで金田住職に電話をしてみると、8年ほど前に何人かと一緒に彼女と話をしていた時、「いつもわたしのまわりに飄々《ひょうひょう》とした人がいる」と、その風貌などを語り始めたので、その場にいた全員がそれを聞いて「岡部先生だ!」と反応したそうである。

その時、彼女はまだ名前を知らなかったのだが、金田住職の部屋で岡部医師の写真を見て初めて、飄々とした男性が「岡部」という名前であることを知ったという。

後日談がある。岡部先生が話題になった時だ。

「11月の岡部先生の集いに、奥野さんも出席されていましたよね」

そう言われてちょっと慌てた。手帳で調べてみると、たしかに2012年11月18日の岡部先生の「追悼式」に出席していた。なぜ知っているんだ?

霊の存在を信じている人なら、彼女のそばにいた岡部医師の霊(魂)が教えたと受け取ったのだろうが、そこまで信じていない僕は、彼女の言葉をどう理解していいか全くわからなかった。

いずれにしろ、彼女が僕と会うことにしたのは、たまたま岡部医師の本を書いたのが僕だったからということのようである。

常に5、6人の魂が憑依していた

憑依現象は、予想に反して彼女にとって過酷な体験だったようだ。

「自分は病気なんじゃないか。みんなはそうじゃないと言うが、あの時、病院に行っていたら本当は病名がついたんじゃないか。いやそうじゃない、亡くなった方たちの存在……、そう、幽霊はやっぱりいるんだ。いやいや、小さい時から当たり前のように思ってきたことが実は当たり前じゃなくて、自分は精神病なのかもしれない……。病気と病気じゃないとが、行きつ戻りつしていた時に、病気じゃないかもしれない方を信じてみようと思わせる子が2人いたのです。どちらも男の子でした。

2人の男の子（の霊）があらわれたのをきっかけに、自分の体験を語ろう、いや、聞いてもらいたいと思うようになりました。この2人の存在がなかったら、きっとわたしは、まだ自分は病気に違いないと思いながら過ごしていたと思います」

高村英さんは言った。

東日本大震災の津波で亡くなった霊が彼女に憑依し始めるまで、彼女には常に5、6人の、いやそれ以上の霊が憑依していたという。最初はコントロールできていたので、それほど面倒なことにはならなかったが、東日本大震災をきっかけに、彼女がコントロールできる量を超える大量の霊が押し寄せ、その圧倒的なパワーによって、それまで普通にできていたことができなくなってしまった。

5、6人の霊が憑いていたと聞いた時、僕は順番に彼女に憑依したのだろうと思い込んでいたのだが、どうもそうではなく、全員が同時に彼女の中に入っていたそうである。それらの霊が、たくさんの津波の霊によって押し出されると、入れ替わるようにして津波の霊たちが彼女に侵入してきたそうだ。

押し出された霊の中に、彼女の生き方を変えるような男の子がいた。それが「おにぎりを食べたい」と言った「17歳の男の子」だった。高村さんに、家族に伴われて通大寺にやって来たその日からのことを思い出してもらった。

ヤクザに体を乗っ取られる

2012年6月だった。

家族に伴われて通大寺に到着したものの、高村さんは朦朧《もうろう》としていた。足取りもおぼつかず、倒れ込むように通大寺の応接間に入った。

金田住職が高村さんの家族から家系などを聞いていたが、次第に話し声が遠くなったと思ったら高村さんは意識を失ったらしい。テーブルの上に身を投げ出してぐったりしていた。

「これは駄目だ。すぐ本堂に行こう」

そんな声がかすかに記憶に残っているという。高村さんは「ああ、自分は死ぬんだ」と思ったそうだが、かといって体を動かす気力もなかった。

立ち上がることもできず、両脇を抱えられて本堂に向かったが、その途中で憑依した霊が次々とあらわれるらしく、高村さんは顔をゆがめたり引きつらせたり、尋常な状態ではなかったという。家族は、ただ茫然とそれを見守るしかなかった。

本堂にたどり着いたが、なぜかバリアが張られたかのように、彼女は本堂の敷居を跨《また》ぐことができなかった。住職も初めてのことだったから準備に手間取ったのだろう。慌てて袈裟《けさ》を纏《まと》いながら駆けつけ、彼女の手を引いてようやく本堂へ入った。この日は高村さん本人の話を傾聴できないまま、こうして「ぶっつけ本番」の儀式が始まった。

最初にあらわれたのは津波の霊たちではなかった。

「当時のことははっきり覚えていないのですが、10歳くらいの女の子、赤ちゃん、17歳の高校生、夜の仕事をしている若い女性、それにヤクザの男性が入っていました。あと、猫も入っていましたね。ヤクザがいるせいで、足を引っ張られて成仏できない、このヤクザをどうにかしてほしいという声が聞こえていました。

若い女性と高校生は比較的対話ができるので、住職さんがいろいろ話をしてお経を読み始めたのですが、いきなり10歳くらいの女の子があらわれたんです。『ワッ』と泣きながら『助けて、溺れる！』と叫んだかと思うと、今度は『助けて、お母さん、助けて！』と、手を上げて住職さんにすがりました」

高村さんの叫び声を高村さん自身の叫びだと思ったのか、住職は「大丈夫だよ、英ちゃん、大丈夫」と声をかけながら状況を把握しようとする。

「助けてあげるから、どうしてほしいの？」と金田住職が尋ねると、「足が、足が〜！」と悲鳴をあげるばかりだった。

「どっちの足か忘れましたが、『足首を掴《つか》まれてる。溺れちゃう』とか言った気がします。住職さんが『足か、足か！　ここか！』と言って、足首をぎゅっと掴んだ瞬間、いきなり人格が変わって、ヤクザの男に変身したんです」

「誰だ、てめえ！　その手を離せ！」

ドスの利いた声が高村さんの口から飛び出した。

この頃は家族もまだ記録をつけておらず、彼女自身もパニック状態に近かったから記憶もそれほど定かではなかった。これは後日、その場にいた家族から聞いたそうだ。ただ、女の子は今風の格好ではなかったので、ずっと昔に亡くなったのではないかという。

ヤクザの霊によって高村さんの魂が体から追い出されると、彼女はまるで幽体離脱したかのように浮遊し、全身びしょ濡れのヤクザの男が女の子の足首を摑んでいるのが下の方に見えた。

「それからは『てめえは誰だ！』とか『この野郎！』みたいな乱暴な言葉遣いが本堂中に響き渡っていました。誰が声を出しているのかって？　もちろんヤクザの男が出しているんですが、実際にはわたしの口からです。

わたしの意識はというと、憑依されると魂だけの存在で、わたしの体を借りたヤクザが怒鳴り散らしているのを、わたしの意識がそばで見ているんです。住職さんから見れば、わたしがヤクザに変身して怒鳴り散らしているように見えたと思います。ただ、わたしからは住職さんたちが見ている世界は見えませんから、あとで聞いて知りました」

金田住職がヤクザをなだめているのが聞こえてきた。

「住職さんとバチバチやりあってるのを聞いていると、どうもヤクザの男性は仲間に裏切られて海に沈められたみたいなことを言ってました。それが悔しくてしょうがないらしく、その恨みつらみを延々と住職さんに吐き出していました」

それにしても、ある日突然、ヤクザなんかに変身したら、本人も周囲も困惑するだろうなと思い、僕は「普段の生活の中でもそんなことが起こることはあるんですか？」と尋ねた。すると高村さんは「え？」という表情をした。

「わたしだって、いきなりそんなことが起こったら困ります。住職さんから、よく、英ちゃんのおかげで死ぬ思いをしたよ、全然眠れなかったよと言われました。住職さんの亡くなられたご家族の霊があらわれて、『うちの諦應を殺す気か』と怒られたこともありました。もちろん、わたしはひたすら謝りました。

ただ、それ以上にわたしも寝ていなかったと思います。だって、日中、家にいる時にヤクザのような男が出てきて、もし誰かに見られたら『狂人』と思われかねないし、家族にどんな迷惑をかけるかわかりません。なにせ、常に亡くなられた誰かしらが、それも数人、わたしの体の中にいるのです。そういう人たちが出てこないように、全神経を集中していました。そして、家族が帰るまで待って、家族に運ばれて住職さんのお寺に駆け込むという、当時はそんな日々でしたね。

これは住職さんには話していないんですが、体に入った霊を抜いてもらった帰りに、もう別の霊が入ってることもありました」

交通事故で亡くなった男の子の霊

ヤクザはいなくなった。

住職がどうやってなだめたのかはっきり覚えていないそうだが、気がついた時にはヤクザの霊は高村さんの体から消えていたという。

「お経を唱えてヤクザがいなくなったと思ったら、今度は17歳の高校生と夜の仕事をしている女性、それに赤ちゃん、猫まで順番にあらわれたんです」

この高校生の男の子の霊が、彼女の心を動かしたのだという。


それにしても、彼女には人間だけでなく猫も憑依すると聞いた時は、さすがに僕の頭の中は大混乱を起こした。でも考えてみれば、東日本大震災で、津波に呑まれた愛猫が、飼い主が大好きな縦笛のケーナを吹いていると、その音色に合わせて他の猫たちを連れてあらわれたという証言だってある。犬や猫だって感情があるのだから、人間と同じように憑依しても不思議ではないのかもしれない。

夜の仕事をしていた女性は、男に強要されてドラッグに手を出したが、やがてドラッグを買うお金欲しさに体を売るようになり、それも行き詰まって自殺した霊だった。10歳の女の子の霊は、「大好きだったお父さんのところに行きたい」というので、住職は「お父さんのところに行けるようにお経をあげるからね」と言うと、女の子は納得したらしい。

そしてこの女の子と入れ替わるようにあらわれたのが17歳の男の子だった。

「この子は部活の朝練に行く途中で、車にはねられて死んだんです」と彼女が言うので、僕は「どんな部活だったんですか」と何気なく尋ねた。

すると彼女は横を向いて沈黙したまま動かなくなった。どんなスポーツか尋ねただけなのに、どうしてこれほど深刻な表情になるのだろう。

彼女は「調べないと約束してくれますか」と言った。僕は一瞬、その意味が理解できなかった。僕は、彼女に憑依する霊を現実の世界と結びつけて考えたことがなかったのだが、彼女はそうじゃなかったようだ。もしも僕が、この男の子の所在を調べて家族に話したら、きっと家族は悲しむと思ったのだろう。でも、そんなことを考えたこともなかった僕は、「もちろんですよ」と返した。

「……テニス部でした。中学の時は水泳部だと言ってました」

「その高校生が入ってきた時はわかったんですか？」と僕は尋ねた。

「ヤクザとか若い女性もいつから入っていたのかわからないんです。

その男の子も震災の前から入っていたんだと思うんですが、はっきりと覚えていないのは、震災前は上手くコントロールできていて、普通の生活を送れていたから意識していなかったのだと思います」

コントロールというのは、高村さんの表現を借りれば、ガラスの瓶に蓋をするようなものので、霊が体に入ろうとしたら蓋をして入られないようにシャットアウトすることだという。彼女はこれを「スイッチを入れる」と表現した。しかし震災以降、これができなくなったそうである。

「ある時、ニュースで彼の事故を見たんです。朝練に行く途中で亡くなったと。その道を通ったことがあって、きっとあの事故で亡くなった男の子なんだろうなと、なんとなくわかりました」

現実にこの男の子はこの世に生きていたということだろうか。

「おにぎりが食べたい！」

通大寺の本堂で、彼女の中の高校生に、金田住職が何かを尋ねていた。

「その日は昼間の明るい時間帯でした。わたしは体をとられていたので見ていただけですが、男の子は正座して住職さんと向き合っていました。

長い沈黙の後、男の子がこう言ったんです。『自分はいいんです。家族も供養してくれていますし、自分の死にも納得しています。ただ……』。

男の子の言葉を待つのももどかしく、住職さんが『なんだ？』と尋ねました。

わたしはそれを聞きながら、この子はよっぽど強い心残りがあるんだ、わたしの体に入ったのは、そんな心残りをこの世に残しておきたくなかったからなんだ、と想像していました。するとその男の子は、嗚咽《おえつ》を漏らしながらこう言ったのです。

『おにぎりが食べたい！』

住職さんは飛び上がるように驚きました。

『え、おにぎり⁉』

と声を上げ、わたしも『なんでおにぎりなの！』と叫びそうになりました。おにぎりぐらいなら、わたしだって握ってやるよと思いましたが、男の子は『お母さんが握ったおにぎりがいい』と言ったのです。住職さんはすぐ気がついたのでしょう。奥さんを呼んで、急いでおにぎりを握ってほしいと伝えました。

奥さんは台所へ走って行ったかと思うと、大きなおにぎりを2個持ってこられました。そして『さぁ、食べなさい』とわたしの前へ、いや、その高校生の前に置いたんです」

高校生の男の子は、ひと口ずつ味わうようにおにぎりを食べた。

「そのおにぎりの、まぁ、美味しかったこと。あれほど美味しいおにぎりは生まれてこの方なかったと思います。あの味を超えるおにぎりは一生ないかも……。本当に美味しかったんです」

僕はまたここで混乱してきた。彼女という人格がいて、彼女の中に高校生の男の子の人格がいる。高校生が美味しいと思ったらしいが、だからといって、彼女も美味しいと感じるのだろうか？

「わたしも不思議なんです。確かにわたしが食べているのですが、その男の子に体を貸しているので、その時は男の子がおにぎりを食べている映像だけなんです。わたしの目には高校生の男の子がおにぎりを、泣きながら口いっぱいに頬張《ほおば》って食べている姿しか見えていませんでした。ところが、その子がわたしの体から出て行って、わたしが自分の体に戻った時に、『なんて美味しいおにぎりだろう』と、そこで初めて美味しかったことを感じました」

お母さんがつくったおにぎりの思い出

「住職さんが『朝の部活に行く時に、事故で亡くなったと言ってたな』としんみりと尋ねると、高校生の子は泣きながら『うん』とうなずきました。

『そうだよな、母ちゃんが握ってくれて、まだ温かかったんだよなあ』と住職さんが独りごちるように言うと、その高校生は『うん、うん』とうなずいていました。

住職さんと奥さんはボロボロ泣いていたようです。

彼が言うには、お昼の弁当とは別に、部活が終わった後で食べるようにと、仕事があるにもかかわらず、お母さんは朝練の男の子に合わせて毎日早起きしてお弁当とおにぎりをつくってくれてたんだそうです。

でも事故で亡くなったため、そのおにぎりが食べられなかったことがずっと心残りだったんだと……。そう言っては、泣きながらおにぎりを食べていました。

本当に美味しかった……。あのおにぎりの味を知ったら、こういうことがあっても不思議ではないと思ったんです」

おにぎりを食べ終わると金田住職は男の子の名前を呼び、「お経を読んでもいいか？もう行けるか？」と尋ねた。

高校生は「うん」と確かな声で返すと、「ありがとうございました」と、金田住職と奥さんに向かって深々と頭を下げたという。

光を目指しなさい

そのあとは太鼓を叩く音が聞こえ、それに合わせて金田住職の読経《どきょう》の声が響く中、死者の霊を光の世界に導くという儀式になった。

金田住職が「光を目指しなさい」と言うと、霊は光に向かってすすんでいき、闇の世界から光の輪をくぐって光の世界に溶け込むのだという。これはチベット『死者の書』にもあるそうで、仏教でいうところの成仏を指すのだろう。

「その時は、高校生と夜の仕事をしていた女性、それに赤ちゃんの3人をまとめて出してもらいました。その2人が『赤ちゃんと猫は名前がないけど大丈夫なのか？　この赤ちゃんと猫も一緒に連れて行けるんだったら連れて行きたい』と言ったら、住職さんが『大丈夫だ』と言ったので、3人と1匹が一緒に出て行きました」

金田住職の読経が始まった。

オン　アボキャ　ベイロシャノウ
マカボダラ　マニハンドマ
ジンバラ　ハラバリタヤ　ウン

諸仏光明真言灌頂《しょぶつこうみょうしんごんかんじょう》陀《だ》羅《ら》尼《に》を唱える声明《しょうみょう》が本堂に満ちていく。五指の端から五色の光明を放ち、苦に生きる衆生《しゅじょう》を照らす呪文だ。

高村さんは、赤ちゃんを抱っこする女性と、猫を抱きかかえる高校生が離れていくのをぼんやりと眺めていた。

その時、頭から熱湯（実際には冷水。洒水《しゃすい》）をかけられて「はっ！」と気がつき、光がないか、慌てて目を見開いて暗闇の中をさがしまわった。そして3人と1匹を、遠くに見つけた光に向かって、そよ風に乗せるようにゆっくりゆっくり導いていった。

光の前に来ると、全員が彼女の体から出て光の中に消えていった。その時、住職に肩を叩かれているのに気づき、ようやく自分の体に戻った。眠りから醒めたように目を開くと、事態の推移を見守っていた全員が彼女を見つめ、

「おにぎりかぁ〜！」

感動したかのように言った。


霊が見えたり、体に入られたりと、そんな特異な体質を、彼女は「病気に違いない」「いや病気じゃないかも」と、自ら答えが出せないまま揺れ動いていた。

そんな時に、「母がつくったおにぎりを泣きながら食べる高校生があらわれたんです。それを見て、これはわたしが病気だからじゃないんだ、本当にあるんだという思いが強くなりました。そして、あなたの息子はちゃんとお母さんのおにぎりを食べたと、いつも感謝していたんだと、お母さんに伝えたくなったんです」と言った。

もし病気じゃないんだったら、同じように霊的な現象にあって困っている人たちに手を差し伸べられないか、彼女はそう考えるようになったという。


しかし、これは彼女にとってまだ序章にすぎなかった。

下半身がない海軍軍人が守りたかった家族の未来

彼女が「霊を信じていない」理由

高村英さんが「おにぎりを食べたい」と言った男の子に憑依された体験を語ったあと、何気なく言った言葉がずっと気になっていた。

「わたしは霊を信じていないんです」

高村さんは、今まさに霊に憑依された体験を語っているのだ。彼女が霊を信じていないというのは理解できなかった。僕は思い切って「どういうことですか？」と尋ねた。いつものように数秒ほど沈黙したあと、こう言った。

「霊という言葉に抵抗があるだけで、存在を頭から否定しているわけではないんです。世間に広がっている霊のイメージに抵抗があると言えばいいでしょうか。たとえば、わたしは父を亡くしていますが、あなたのお父さんは幽霊になっているよと言われるのはあまりしっくりこないですよね」

その時、これまで高村さんが僕に「亡くなった人」とは言っても、決して「霊」とは言わなかった理由がやっとわかった。「憑依」という言葉も、僕が当たり前のように使うので仕方なく使っていたようだ。

「魂を否定してるわけではないんですね」と僕は高村さんに尋ねた。

「もちろん否定していません」

「そうですか。僕の個人的な意見ですが、『霊』は精神的な実体であって、タマとも読まれるように魂のことだと思っています。生きているものの本質とでもいいますか、実体として存在するかどうかは別に、なければ困ります。……幽霊譚は12世紀に成立した『今昔物語集』にも出てくるのですが、僕らがイメージする幽霊は、近世に入って怪談が謡曲や歌舞伎などに取り上げられるようになってからつくられたフィクション、つまりお化けだと思っています。『幽霊』と『霊』を混同されている方がいますが、僕は、『霊』をいわば〝死後の意識〟と理解しています。死者の魂です」

「だとしたら、全然否定はしていません」

彼女とは憑依した霊への見方からして違うが、それでも話し合うことで「霊」に対する認識の違いは小さくなっていった。ただ、「除霊」や「憑依」に関しては相変わらずその差は埋まることがなかった。

金田住職が行った除霊の儀式は、仏教でいう「迷える霊」を供養して成仏してもらうものだから、キリスト教でいう悪霊を取り除くニュアンスの「除霊」とはもちろん異なるのだが、他に言葉がないから便宜的に使っていると説明したが、それでも彼女は「除霊」も「憑依」も違和感があると言った。その違いは、霊との距離感の差かもしれない。

僕にとって霊は空想の産物であって実体がない。

しかし彼女は実体を感じるのだろう。

「霊」という言葉を使わないのもそのためだと思われる。彼女には亡くなった死者の霊でも「人」なのである。結局、こうした認識の違いがあっても、相手が使う言葉を尊重して受け入れることにした。どう違うかはあえて僕から説明しないが、彼女の表現からそれを汲み取っていただければと思う。

ほとんどが東日本大震災の津波に関係

この時分の高村さんに憑いた霊は高校生など数人を除き、そのほとんどが東日本大震災の津波に関係していた。震災までは、誰かが彼女に憑依しようとしても、彼女自身が自己流ながら、それを拒絶するか体内に受け入れるかコントロールできていたのに、震災後になると、それまでのようにコントロールすることができなくなったと言っていたが、僕はなぜコントロールできなくなったのかと尋ねた。彼女はしばらく考え、

「たぶん圧倒的な数のせいです」

と言った。数とは、2万2000人余といわれる津波で亡くなった死者の数のことである。彼女はそれをこんな喩《たと》えで説明する。

「300人収容できるホールを想像してください。わたしが舞台に立っているとします。そして、亡くなった方たちが客席から舞台のわたしをおとなしく見ています。そこへ津波が起きて、いきなり〝生を奪われて苦しんでいる人（霊）たち〟が大勢ホールに押し掛けてきます。舞台上のわたしを発見すると、おや、もしかしたら、あいつの体の中に入ったら救われるかもしれないぞ。ワンチャン生き返れるかもしれないぞと、一斉にわたしに近づいてくるんです。藁《わら》をも摑むという言葉がありますが、摑んで助かるわけでもないのに摑んでしまう。その藁がわたしだったのです」

死者の「中継器」になっている

「どうして近づいてくるのですか？」と僕が尋ねる。

「わたしは自分のことをよく『チューナー』とか『中継器』に喩えています。死者は魂のままだと何もできないのですが、たまたまこういう体質のわたしがいて、うまく体の中に入り込んでチューニングを合わせれば声を発することができます。肉体を得ることもできます。だから、みんなわたしの中に入って来たがるんです。

あの時はとにかく人の声がすごかった。まるでスキャンダルを起こした芸能人が、大勢のマスコミの人たちに囲まれているかのようで、わたしのうしろに津波で亡くなった人たちが長蛇の列をつくって並んでいるんです。でも、それ以前に7、8人（の霊）がわたしの中に入っていましたから、その人たちを追い出さないと津波で死んだ人たちは入ってこれなかったんですね」

彼女によると、彼女の中に器のようなものがあって、憑依した霊で満員だと新たに憑依できないが、何人か出て行けば、入れ替わるように憑依できるそうだ。

「まるでトコロテン式ですね」と笑うと、彼女も笑った。

いきなり下半身がなくなった

この日は、仙台駅のすぐそばにあるビルの一室で会うことになった。古いビルで、部屋は4階にあるのにエレベーターもなく、急勾配の狭い階段があるだけだった。もっとも部屋は明るく、申し分なかったのだが、換気をするつもりで窓を開けようとしたら、これが全く動かない。

「自殺する人が多いからですよ」

彼女が僕の背に投げかける。一瞬手が止まり、「するとこの部屋も……」。

「この町ではよくあるんです」

この日はこんな会話からスタートすることになった。

「おにぎりを食べたい！」と言った17歳の高校生があらわれたのと同じ頃だから、やはり2012年6月の中旬頃だ。10歳くらいの女の子、夜の仕事をしている若い女性、赤ちゃん、猫、それに17歳の高校生を、金田住職の読経と儀式によって「光の世界」へ、つまり死者が行くべき世界に送った翌日のことだった。

その日のことを、彼女は日記にこう記している。

〈今日は一日中、「水島ー！」と頭の中で名前を叫ばれていた。それでも普通に過ごし、買い物に行き、家事をしたりして過ごした。名前を叫ぶ声を聞きながら。家族が運転する車から降りようとしたら、突然自分の下半身がなくなり、そのまま地面に顔から落ちそうになった。何とか車のドアノブを摑んで事なきを得る。ほうほうの体《てい》で駐車場からアパートまでたどり着き、自分でもお経を唱えた。消災妙吉祥陀羅尼《しょうさいみょうきちじょうだらに》を唱えて、唱えて、いつの間にか涙でいっぱいになった。

わたしは精神病なのだろうか。本当に、自分でもわからない。

小さい頃からちゃんとコントロールできていたのに。こわい。苦しい。何でわたしがこんな目に遭うのだろう。誰か1人でも良いから、病気だと言って、わたしを病院にぶち込んでくれないかな。そうしたら、本当はずっと楽なのに……。

今夜、何も起きませんように。叫び声が止まりますように〉

災厄を祓《はら》うお経を必死に唱えた。しかし高村さんの頭の中を駆けめぐる叫び声はいつまでも消えない。自分の声なのか、誰か違う人の声なのかすらわからなかった。

気が気でなかったが、なんとか普通に過ごそうと、家事を手伝ったり、家族と一緒に買い物に出かけたりしたのだが、ちょうど車で自宅に戻った時に、いきなり自分の下半身がなくなったのに気づいたのである。

「ええ、下半身がなくなったぁ？」

僕は驚いて声を上げた。高村さんは表情も変えずに言う。

「憑依という言葉を使わせていただくなら、憑依には何段階かあって、ただ憑いているだけ、中に入ろうとしている、片足を突っ込んでいる、すでに中に入っている、と段階があるんです。この当時はコントロールできない状態だったので、中に入られそうになるのを必死に抵抗したんだけど、片足を突っ込まれた状態になってしまって、突然下半身の感覚がなくなってしまったんです」

「買い物先かどこかで憑依されたのですか？」

「いえ、これはもともとわたしの実家にいた人（霊）なんです。高校生の時でしたが、上半身じゃなくて、下半身の脚だけが我が家にいたんです」

ん？　何を言っているのだろう。下半身だけが家にいた？　冗談だろ？

「…………」

「戦争映画で見るような軍人の靴を履いていました。最初は妹の部屋にいたのですが、外へ出さなきゃと思って出したのはいいけど、今度はわたしの部屋に入ってきて……。でも何か悪さをされるということもなかったし、わたしの体の中に入ろうとすることもなかったからそのままにしていました。叫んでいたのはこの下半身の男でした」

僕は唖然としながら聞いていた。

冒頭で、学生時代に妹の部屋に居座っていた霊を追い出そうとしたら、自分の部屋にやってきたと言っていたが、どうもこの霊のことらしい。上半身がぼんやりしていてよく見えなかったので、最初は下半身だけとは思わなかったそうだ。今度はその上半身が彼女に憑依したということらしい。

頭の中が混乱していた。なんとか整理しながら「あのぉ、昔、部屋に居座っていたというのは下半身、だけですか？」と尋ねた。すると彼女は平然と「そうです」と言う。自分の部屋にリアルな下半身があるなんてただ事ではない。

「そんな！　怖いじゃないですか」

僕が言うと、彼女は怪訝《けげん》そうな顔をした。

「え、怖いんですか？　そうなんですか」

学校から帰ってきたら部屋に人間の下半身だけあるなんて、とても穏やかではいられないと思うが、彼女は「下半身だけじゃ悪さもできないでしょうから」と淡々と語る。

「今度はその男の上半身が、車の中で憑依したということですか？」と尋ねた。

「いつもだったら予兆があるのですが、この時はなかったんです。津波で亡くなった方たち（の霊）が街中にいることは知っていたんですが、自分はコントロールできるから、そういう人たちの影響を受けないと思い込んでいたんですね。そうじゃないことに気づいていなかったんです。だから、何が起きているかわからず、なんで頭の中で声がするんだろうと思ってたんです」

自宅にたどり着くと、急いで自分の部屋に入ってお経を読んだ。

曩謨三満哆《のうもうさんまんだ》　母駄喃《もとなん》　阿盋囉底《おはらち》　賀多舎《ことしゃ》

不安でいっぱいだった。そして「今夜は何も起きませんように」と、祈るような気持ちで夜を迎えた。しかし、不安は現実になった。息が上がり、呼吸が苦しくなった。「苦しい。なんでわたしがこんな目に遭うのだろう」と思ったらまた涙がこぼれた。もう限界だと悟った彼女は、家族が運転する車に乗せてもらうと通大寺に駆け込んだ。

この時の彼女の感覚では、下半身がなく、喉《のど》から肺にかけてが燃えるように熱くて、内臓を引きずって歩いていたという。

彼女に憑依した男がそういう状態だったのである。

下半身のない兵隊の思い

事前に高村さんが通大寺へ電話した時、金田住職に尋ねられるまま状況を伝えていたので、この日は応接間に入ることなく、寺の境内《けいだい》で車を降りると、両脇を家族に抱えられるようにしてまっすぐ本堂に向かった。1人では全く歩けない状態だった。

「下半身がなく内臓を引きずって歩いている、というのは、憑依した男が歩いているのを、高村さんが見ているという状態なのですか？」

高村さんはしばらく考えていた。こういう質問をされたことはなかったそうだ。

「そうではなく……、わたしの体の中に、わたしの魂と男性の魂が一緒にあるので、2つの魂が離れていても共鳴しあうというか、つながっているんです。そうすると、彼が内臓を引きずって歩くと、それに同期するようにわたしも感じるというか、追体験するというか……。一卵性双生児が遠く離れていても、同じ時間に同じことをするという不思議な話がありますが、それに似ているかもしれません」

本堂に入ると、彼女はそのまま顔から床に倒れこんだ。この時、彼女の記憶では、体を男性の魂に乗っ取られ、彼女はどこか暗い場所に追い出されたという。

「どういう男性なのですか？」

「軍服のようなものを着た男性で、25歳でした。下半身がなく、血まみれになって内臓が飛び出しているんです。口元からも血を吐き出しながら、大声で叫んでいました。あまりにもグロテスクで……」

いきなり高村さんが、いや男性が、血を吐きながら叫んだ。

「水島ぁぁぁぁ〜!!」

金田住職が憑依した男性に声をかけた。

下半身のない男は直立不動の姿勢で話そうとしたが、言葉のかわりに口から血が噴き出す。もっとも血を吐いているのは金田住職には見えない。

そしてようやく「わたくしは○○所属の島崎△△であります」と名前を名乗った。

彼女にはこの男が軍人なのか造船所で働く人なのかは判別できなかったが、あとで見守っていた人に尋ねると、旧日本軍の水兵だろうと言われたそうだ。

「すまない、水島！　俺のせいで、貴様を死なせてしまった！」

空気が震えるような叫びだった。

帝国海軍の軍人で、広島県の呉《くれ》軍港に停泊していた艦に乗っていたらしい。終戦の間際だったという。

「あなたが水島なのか？」と住職が尋ねた。

「いや、俺は違う。俺は水島の背中に背負われていたんだ」

さらに「どうしてあなたたちは亡くなったのか」と尋ねると、突然、彼女の視界に、暗い中で艦内作業をしている場面が見えた。男が思い浮かべた映像は、高村さんにも見えるのだという。

兵隊の最期を追体験させられる

艦のあちこちから爆発音が聞こえてきた。格納庫に積んでいた火薬が誘爆したらしく、耳をつんざくような轟音《ごうおん》とともに床が大きく揺れた。一瞬のことで何が起こったのかわからない。おそらくアメリカ軍による爆撃だろう。男は絞り出すように語り始めた。

男はそのせいで負傷したが、親友で１つ年下の水島上等兵は、そんな男を背負って逃げてくれた。ところが、次の爆撃で男の下半身が吹っ飛んでしまった。それでも水島は男を見捨てず、もう一度背負い直して走ってくれた――。

そこまでしゃべった後、男は声を詰まらせた。負傷した男を背負って逃げているうちに、さらなる爆撃で2人とも吹き飛ばされたのだという。そのせいで、男の霊は死しても自分が親友を死なせたと思い込んでいるのだ。

この時、島崎某を背負って逃げていた水島上等兵の両足も吹き飛んでしまった。

「彼には妻がいた、身重だと言ってたんだぁ！　だから、だから俺を置いて逃げろと何度も言ったのに……、すまない、俺のせいだ！　俺のせいで水島は死んだのだ！」

その瞬間、高村さんは、語っている兵隊と親友の水島が楽しそうに過ごしている映像が見えたという。水田が広がっている。田舎らしい。男の記憶だろう。きっと2人は、故郷の幼なじみか、同じ学校に通っていたに違いない。

「あなたは死んでいる。わかりますか？」金田住職の尋ねる声が聞こえてくる。

「わかります」

男が毅然とそう言い切ると、突然、高村さんの前に、男たちが乗った艦船が爆撃を受けて燃え上がる映像が広がったという。男と、彼を背負った水島が死んだ場面だろうか。彼女は悲しそうに言った。

「夜の海とは思えないほど明るくて、熱かったです。肌も痛いくらい。空気が熱くて熱くて、息をすると喉から肺にかけて焼けそうでした。熱い理由がわかりました。海が燃えていたんです。重油が漏れて燃えているのか、海も船も燃えていました。

兵隊さんが、膝ぐらいの浅瀬を、バシャバシャと音を立てて歩いていました。不思議な映像でした。沈んでいく艦の甲板《かんぱん》かもしれません。

親友の足が燃えているのが見えました。あちこちに死体が浮かんでいて、どの死体にも火がついて燃えているんです。それがまた、夜の海を明るくしていました。不気味でした。あの油の臭い、人が焼ける臭い。今も鼻腔《びくう》の奥に残っています。そして怒声、悲鳴、砕ける水の音……、怖かった……」

「兵隊の過去の映像を見ながら、住職さんの声も聞こえるのですか？」

「肉体を失って魂だけの存在になっても、声は聞こえます。だから兵隊さんがしゃべっている声も住職さんの声も聞こえていました。ただ、この時は、住職さんの声は聞こえたり聞こえなかったりでした。きっと、わたしの肉体の消耗が激しかったからだと思います。映像は、兵隊さんが追体験をすると、わたしにも見えるんです。本来、わたしの肉体にはわたしの魂が定着しているのに、無理やり引き離されて別の魂が入り込んだわけですね。『あなたは死んでいる。わかりますか？』と住職さんに尋ねられると、兵隊さんは、自分がどういう状況をたどってきたのかを思い出すじゃないですか。すると、爆撃を受けて燃え上がる海の映像を思い浮かべたんです。魂はつながっていますから、その映像をわたしも見ることができました。つまり同時に追体験できるのです」

「過去と現在が同時進行なんですね」

「なるほど、そうも言えますね。でも、わたしは意識したことがないです。以前は見たい過去を選べたのですが、この頃は強制的に過去を見させられる感じでした」

光のある方向に向かっていく

「高村さんがそれを知りたいと思ったから、彼の過去が見えたのではないんですね。内臓が吹き飛ぶような過去なんて見たくないと思うのが普通です。それが……」と、僕が言いかけると高村さんが継いだ。

「それまでは見るか見ないかは自分でコントロールできていたんです。見えてしまったのは、当時はコントロールができなかったせいだと思います。だから記憶もあやふやで、強烈に感じた部分だけしか残ってないんです。兵隊さんのしゃべる言葉も難しくてよくわかりませんでした。それに、わたしは死んでいるので、見える映像もひどいんです」

「え、死んでいるというのは、どういうことですか？」

「兵隊さんの魂は、わたしの肉体を得ています。わたしは肉体を奪われて魂だけの存在です。肉体があれば、魂の自由度は比較的高いのですが、肉体を失うと自由度は一気に下がって、できることが限られてきます。彼の魂は肉体を得て息を吹き返したのに対し、わたしは肉体を失って死んだ状態。彷徨《さまよ》う霊になっていたんです」

下半身のない兵隊が「あなたはどなたですか?」と金田住職に尋ねた。

「この寺の坊主です」と住職が答えると、兵隊は「戦争はどうなりましたか?」と言った。

「負けましたよ」と住職は静かに言う。

兵隊はひと言も発せず、「ううううっ〜」と唸《うな》る声だけが響いてきた。

「たくさんの日本人が死んで、敗戦になりました。70年くらい前の話です」

それを聞いた兵隊が、口から血を噴き出すのを高村さんは見た。そして、「ああああぁあ〜」と、絞るような声を上げて泣いた。

「負けたのかぁぁ〜。どうして! なぜ!」

この後の2人の会話は彼女の記憶になく、ただ禅問答のように聞こえていたのを覚えているだけだ。この時の彼女には時間の感覚がなく、どれぐらい経ったのかわからなかったが、後で住職から何時間もかかったと聞いたそうだ。


この事例も含めて、初期の頃は記憶があいまいで、「下半身のない軍人」の話も家族が記したわずかなメモを頼りに語ってくれたものだ。

それによると、金田住職は兵隊の背中を撫《な》で、といっても実際は彼女の背中だが、「誰も悪くない。誰のせいでもない。戦争が悪かった。時代が悪かったんだ。平和な国をつくるから、二度と戦争なんてしない国をつくるから……」と言うと、下半身のない兵隊は、何度も何度も「約束してくださいし」とすがるように言った。

やがて金田住職の読経が始まる。そして熱湯をかけられると、彼女は下半身のない兵隊を導くように「死者の行くべき場所」へと、光のある方に向かった。

「不思議なんです」と彼女は言う。

「光に近づくと暖かくて、下半身のない人も光の世界に近づくにつれて脚ができ、自分の脚で歩くんです。いや、歩くというより、風に流されるように……」

これ以降、彼女には霊たちが本格的に押し寄せるようになる。

「除霊」の儀式はどう行われたのか

春時雨《はるしぐれ》にかすむ古刹

宮城県栗原市にある古刹「通大寺」の門前でタクシーを降りた。金田諦應住職に会うためである。大勢の霊に憑依された高村英さんの「除霊」を行った方だ。

「おにぎりが食べたい」と言った高校生と、下半身がない海軍軍人の除霊について、儀式を行った金田住職の目にどう映ったのか、重複することを承知でうかがった。

もうすぐ春だというのに、その日の東北は防寒具が必要なほど肌寒かった。おまけに鉛色の空が広がり、先ほどからは雨も降り始め、頬が濡れて冷たい。

この天気には気分が萎《な》えたが、しかしそれも、門をくぐった途端に、なんだか「除霊」について聞くのにふさわしい舞台設定のように思えてきた。

「除霊」というと、どうしてもおどろおどろしいイメージがある。しかし日本では、少なくとも東北で憑く霊の多くは、悪霊よりも「迷える死者の霊」である。それも追い払うの

曹洞宗通大寺

ではなく、儀式によって成仏してもらうのだから、「除霊」という言葉はふさわしくないだろう。「浄霊」という言葉を使う方もいるが、多くの方に共有されているかどうか定かでなく、他に適当な言葉もないので、本書ではあえて「除霊」とさせていただいた。

また「憑依」も同じである。憑依はPossessionの訳語で、宗教者が瞑想中に神がかりになるのも憑依なのだが、今では悪しきものが憑くことを意味することが多い。西洋では憑くのは悪魔や悪霊であり、日本でもこの世への執着を訴える死者の霊に「取り憑かれた」といったように否定的な意味合いで使われがちだ。だから、高村英さんはこの言葉にかなり抵抗した。しかし、これも「除霊」と同じ理由で使うことにした。

ここで僕が聞いた話を、高村さんの自作自演、あるいは金田住職の作り話と思われる方もいるかもしれない。僕にはこれを信じてもらえるよう説得するだけの力はない。ただ、金田住職だけでなく、日本では浄土真宗を除けば、他の宗派でも「除霊」を行っている僧は少なからずいるそうだ。

ちなみに、金田住職は「除霊」を専門にしているわけではない。たまたま高村さんという女性が訪ねて来て、「このままでは死んでしまう」と訴えられたために、目の前で苦しんでいるのを放っておくわけにはいかないと、「見よう見まねでやりました」というからハラハラしながらの儀式だったのだろう。

僕が金田住職に会ったのは、先に紹介した故・岡部健医師を介してである。震災の直後から、金田住職らは、宗派を超えて移動傾聴喫茶「カフェ・デ・モンク」という遊び心満載の「がれきの中で安心して泣ける場所」を立ち上げたが、岡部医師もこの設立に深く関わっていたのだ。

僕が金田住職から、初めて「憑依」ともいえる現象を聞いたのは、２０１２年の夏頃だったように思う。ただ当時の僕は、被災地の「霊的な現象」を取材するかどうかで迷っていたほどだから、さすがに「憑依」にまで手をつける心の余裕はなかった。

それが一段落した頃、親しい僧からこう言われたのだ。

被災者の声に耳を傾ける、お坊さんの喫茶店「カフェ・デ・モンク」

「除霊は今でも古い寺ならやっています。昔は当たり前でしたが、明治になって、西洋にならって近代化をすすめるにはお化けなんかいちゃ駄目だと徹底して排除したものだから、隠れてするようになったんです。皆さんが知らないだけです」

　そして別れ際、「古刹ならどこでもやっているよ」と笑いながら僕に言った。

　被災地の「霊的な現象」を取材していた時もそうだったが、「霊ねえ……」と冷ややかに言われることはたびたびだった。合理的で科学的であることが正しいとされる現代だから当然なのだが、近代科学といっても、人類の歴史の中でたかだか４００年ほどに過ぎないことを考えると、そうではない考え方も尊重されるべきだろう。多様性は生物だけではない。思考も同じではないだろうか、などと思いつつ、とりあえず自分の仕事に枠をはめないで話を聞いてみようと通大寺へやってきたのである。

僕は、高村さんが儀式の前に金田住職と対面する応接間に通された。金田住職によれば、この部屋に到着した時の高村さんの様子は日によって様々で、すでに彼女の人格が憑いた霊に変わっている場合もあれば、霊が侵入するのを必死に拒絶しながら悶絶していることもあったそうだ。

「わたしはもう駄目……」

人が死ぬとき、合理的に解釈できない不思議なことがしばしば起こる。がんなどで死に逝《ゆ》く場合もそうだが、2万2000人余という人が亡くなった東日本大震災のような過酷な状況下では尚更《なおさら》だろう。しかし、いきなり霊的ともいえる予想外のことが起こると、それを体験した人は誰にも相談できずにひどく苦しむ。

金田住職のところへ、高村英さんが混乱状態で電話してきたのは2012年の蒸し暑い6月の夜だったが、彼女もやはり誰にも相談できずに苦しんでいた。

この日、金田住職は、石巻市《いしのまきし》の仮設住宅で「カフェ・デ・モンク」を終えて帰ったばかりで、へとへとに疲れていた。

受けた電話口から苦しそうな声が聞こえてくる。

「たくさんの人が入って来る。わたしはもう駄目……、殺される」

女性はネットで調べたと言ったが、金田住職はこれまで表立って「除霊」の儀式をしたことはなく、「除霊」で検索してもヒットするはずがない。不思議だった。

金田住職は疲れていたから、電話口で「明日でもいいですか？」と尋ねた。

すると、「なんで今は駄目なんですか？」と怒鳴るような声が聞こえてきた。

「わたし、もう死にたいんです！」

「え！」

「たくさんの亡くなった人が体に入ってくる。コントロールが利かなくなった。わたしはもう駄目。自殺したい！」

震災前まで、金田住職は自殺の電話相談を受けていたほどだから、「自殺」という言葉を聞き流すことはできなかったのだろう。すぐに反応した。

「わかった、今からでもいいから来なさい」


2時間ほど経って、1台の車が滑り込むように通大寺にやってきた。乗っていたのは母親と妹と友人、それに数珠《じゅず》を持って全身を震わせている高村英さんだった。

家族に引きずられるようにして玄関をくぐると、金田住職があらわれるのを待った。

「何かに憑かれているようで、『うぉ〜、うぉ〜』って、獣のような声ですごいんです。

なんだ？　と思いました。顔も紅潮しているし、異常な状況でした」と金田住職は言う。

一緒に来た母親はオロオロするばかりだった。

「いっぱい人がわたしの中に入って来て、もう死にそうです」

高村さんは息も絶え絶えに言った。

本堂の横にある応接間にとりあえず落ち着くと、金田住職は家族から、高村さんの生い立ちや家族構成、これまでのいきさつを詳しく聞いた。母親に家系図を書いてもらって一人ひとりについて尋ねていったところ、高村さんと同じ感性を持つ人がいたという。「このあたりで出羽三山といえば修験《しゅげん》の山ですが、彼女のご先祖もそういうところで修行したのかもしれませんね」と金田住職は言った。

震災当時、高村さんは仙台市街にいたから津波の被害は受けていない。被災地に行くと霊が憑いてきそうな気がしたから近づかなかったという。ところが、震災から1年ほどして目に見えない死者の霊に悩まされるようになった。

高村さんは、霊が体の中に入ろうとするのをなんとか防いでいたが、とうとう防ぎきれなくなり、どんどん入ってくるようになって看護師の仕事も続けられなくなった——。そんな話をしている間も、憑依した霊が入れ替わり立ち替わりあらわれる。いや、見た目には、あらわれるというより、高村さんの人格が次々と変わるのだ。

最初、小さな女の子とヤクザのような男があらわれたと住職は言う。

「何か悪さをして、コンクリート詰めにされて暗い海の底に沈められたというヤクザでした。いきなり『おう、お前、誰や』なんて言うものですから、こっちもびっくりしました。『お前は誰なんだ』と言ったら、『お前こそ誰じゃ！』とヤクザの声ですからね。『あんたもいろいろ大変だな。でもね、あんたが入ってるためにこの子は苦しんでるんだ。ここから出てやれよ。死んだ人が行く場所はあるから、そこへ送ってやる。この子の中にいたら、あんたも苦しいだろ？』みたいな対応をすると、『お前にそんなことできるのか』と言うんです。『坊主を甘く見るなよ』と言って本堂に連れて行ったのですが、これが暴れるので大変でした」

この時はヤクザと一緒に小さな女の子も「死者の世界」に導いたという。

不思議なジュンヤ少年との対話

ところが、その数日後に高村さんが再びやって来たのだ。

この日は苦しそうな表情ではなかった。ヤクザのように暴れたりしなかったせいかもしれない。最初にあらわれたのは、福島県から仙台に出てきて自殺した女性で、彼女の「悲しい身の上話」を聞いてあげると納得したらしく、高村さんの体から出て行った。やれやれと思ったら、「実はね」と高村さんが切り出したのだ。

「え？」

「わたしの中に高校生の男の子がいるんです。そんなに邪魔な子ではないんだけども、わたしの中が居心地いいみたい。悪さをするわけでもないから……」

高村さんに憑依している霊の中に「ジュンヤ」という、ちょっと不思議な少年がいると、高村さんは金田住職に語った。

「そうか、わかった」

「（ジュンヤを）入れるので話を聞いてあげてください」

高村さんがそう言うと、いきなり高校生の男の子の声に変わった。

「ぼくの両親は今でもぼくのことを思ってくれているし、供養もちゃんとしてくれてるよ。だけど、彼女の中にいるのは居心地がいいんだ」

ジュンヤは、彼女の中へ物見遊山《ものみゆさん》にでも来たかのように言った。

多くの霊は自分が死んだこともわからずにさ迷っているが、ジュンヤ少年は違った。テニス部の朝練に行く途中で、交差点を渡る時に交通事故に遭って死んだことを理解していたし、自分が高村さんに憑依していることも知っていた。それでいて、決して他の霊とは絡まず、ふいにあらわれて消えるだけだった。

ジュンヤ少年は「もう、そろそろ出てもいいかな」と飄々とした声で言った。

「でもね、和尚さん、この子（高村さん）の深いところにはね……、ヤバイよ」

「何が？　どうしたの？」

「心の深いところに、白い裃《かみしも》をつけた武士と、もっと深いところには甲冑《かっちゅう》をまとった紫色の武士がいるんだ。ぼく、関わるのは嫌だからそっとしてるんだ」

白い裃といえば切腹だろうか。

紫色という表現に何か恨みを残した怨霊のようなものを、金田住職は感じた。だからといって、この2人の武士が何かをしたというわけではなく、ただいるというだけでは金田住職にもどうすることもできなかった。

「どういう人なのかな？」と訊くこともできたが、憑依しているというより、彼女の深層心理につながっているようにも思えて安易には踏み込めなかった。

「ぼくにはそこまで彼女に干渉することはできないんだ。それに怖いんだ。だからね、ぼくもそろそろこの子から出て行こうと思う」

それほど強い憑依ではなかったが、自分から出ていくと言うのは初めてだった。

ジュンヤ少年が出ていく儀式を始める前に、彼は「塩おにぎりを2個ほしい」と言った。塩おにぎり？　金田住職は「なんで？」と尋ねた。

「朝練でお腹がすくから、お母さんが練習後に食べるようにって、いつも塩おにぎりを2個持たせてくれたんだ。それを食べないまま交通事故で逝《い》ったのが悔しい……」

金田住職は、夫人に急いでおにぎり2個を握って持ってくるように伝えた。

憑依された状態の高村さんの前におにぎりを置くと、読経を始めた。ひと通り終わろうとする前に、ジュンヤ少年が前に供えられたおにぎりに口をつけた。

金田住職は、彼（実際には高村さん）が実際におにぎりを食べたかどうかは覚えていないが、ただその時、高村さんの口を通してジュンヤ少年が「美味しい！」とひと言を発したという。そのあとで、憑依が解けたらしく、高村さんは普段の彼女に戻った。

高村さんの記憶はウェットで金田住職のそれはドライな印象があるが、見ている立場が違うのだから差があるのは当然だろう。しかし、基本的な流れは変わっていない。

海軍軍人の叫び

その翌日だった。今度は前回と雰囲気が違っていた。

高村さんは苦しそうに悶《もだ》えながら、「わたしの中へ入ろうとしているの、どうも軍人さんみたい。苦しい……、もう駄目」と、途切れ途切れに言葉を絞り出した。かと思えば突然、「うう〜、ワタクシは……」と、軍人のような言葉遣いに変わった。

そんな高村さんを前に、金田住職はやさしく言った。

「安心して（体に）入れてあげなさい」

すると高村さんは、「わぁ！」と声を上げると虚脱状態になった。

突然、男の声に変わると、「水島ぁ〜」と叫び始めた。若い男なのか年配なのか、どちらとも言えない不思議な声だった。

「あなたは誰ですか？　どうしたいんですか？」

金田住職が声の主に尋ねる。しかし、男は答えない。「うっうっう」と、うめくような声が響いて言葉が出てこなかった。「私がちゃんと聞くから安心しなさい」と言っても、聞いているのか聞いていないのか、沈黙が続いた。そこへ突然、「水島ぁぁぁ〜！」と引き裂くような声が部屋に充満した。

「水島って、いったい誰なんですか？」

あくまでも冷静に訊いた。しかし、男はそれに答えるわけでもなく、懺悔《ざんげ》するかのように訥々《とつとつ》と語った。

「俺のために、貴様を死なせてしまった。すまん、水島！　俺のせいだ、許してくれぇ〜」

その声は慟哭《どうこく》となって響く。

「あなたはどこにいるんですか？」と尋ねると、「海……」と言った。

水島は彼の戦友のようだった。戦争で友を死なせてしまった後悔を、男は何度も何度も繰り返した。口ぶりから旧帝国海軍の水兵らしい。しかし、いくら声をかけても、男は聞こうとはせず、狂乱したように叫び続けた。もちろん、実際に叫んでいるのは高村さんである。若い女性のどこからこんな野太い声が出るのかと思うほど、男性そのものの声だった。

「あなたはどこにいたんですか？」

「水島はどうなったんですか？」

金田住職は、繰り返し、繰り返し根気よく尋ねる。

やがて男は、頑《かたく》なに閉ざしていた心を開くように、ぽつりぽつりと語り始めた。しかし話がバラバラでなかなか全貌が摑めない。

どうも水島というのは、憑依した男の霊と同じ帝国海軍の軍人として広島県の呉軍港にいたようだ。終戦の間際、男らが乗っていた軍艦が米軍の爆撃を受けた。彼らがどの艦に乗船していたかはわからない。ただその爆撃で、憑依した男は爆風を受けて海に投げ出された。足を吹き飛ばされたのだろうか。水の中で必死にもがいていると、水島という軍人に助けられたようである。ところがその直後、さらなる爆撃で水島も下半身を吹き飛ばされて戦死した。男もその爆撃で死んだのか、あるいは助かって戦後を生きたのかは不明である。ただ男の霊は、自分のせいで戦友の水島を死なせたと思い込んでいた。

「俺のせいで水島を死なせてしまった。俺のために……、俺のせいで……」

自責と悔悟の念から、鬼気迫る声が訴える。

金田住職によれば、これだけのことを聞き出すのに3時間かかったという。かといって、ただ3時間、憑依した男が話すことを聞いていたのではない。聞きながら、問いかけをしつつ、かたちのない言葉を物語にしていったのだという。

どうやって死者を納得させるか

「最初から最後まで傾聴しても物語にはなりません。聞きながら、これはどうなんだと問うていけば、（霊が憑依した）彼女が訥々としゃべります。彼女の声を聞きつつ、少しだけ手助けしながら、物語にしていくのです。物語としては死者との対話といえますが、本当にそれが死者との対話かどうかはわかりません。ただ、ひとつの物語にすることで整理がついてくるのです」

通大寺の金田諦應住職

結果的に、死者との対話は即興劇のようになる。

この即興劇が成り立つために、金田住職が自分に課したことがあった。それは、霊魂や「あの世」の存在については問題にしないこと。その経験がその人にとってどのような意味を持つかを問題にすること。そして、徹底した傾聴と、彼女が精神病を疑っていたから、それを否定したうえで、彼女との信頼関係を構築することだ。

おそらく、アメリカ精神医学会が作成したＤＳＭ（現在はＤＳＭ５。精神障害の診断・統計マニュアル）で高村さんを診断すれば何らかの診断名がつくだろう。医師はそれで安心するだろうが、高村さんはどうなのか。精神病にされただけで、何の解決にもならない。金田住職が心配したのもそのことだった。

自分のせいで戦友を死なせてしまったと思い込んでいる男を、では、どう説得すればいいのだろうか。金田住職は困り果てた。死者との対話にマニュアルはない。自分を責める男の霊としばらくやり取りする中で咄嗟《とっさ》にひらめいた。

「そうではないだろう。あなたが悪いんじゃない。これは戦争というものの大きな罪なんだ。戦争が悲劇をもたらしたんだ。だけど、大丈夫だ。我々の代で絶対に戦争を起こさないようにするから、安心して成仏してほしい。二度と過ちを犯すことはしない。向こうの世界から我々をちゃんと見守ってくれ」

苦し紛れだったが、男は意外にも納得したようだった。

男はようやく落ち着いた。

金田住職が「これから光の世界へ導くお経を読むから供養を受けますか」と訊くと、男は「わかった」と返した。そう言ったが、まだ未練はあったのだろう。重い足取りだったが、高村さんは家族に抱えられながら本堂に向かった。

普《あまね》く、十方《じっぽう》、窮尽虚空《ぐうじんこくう》、周遍法界《しゅうへんほっかい》、微塵刹中《みじんせっちゅう》、所有国土《しょうこくど》の一切《いっさい》の餓鬼《がき》に施《ほどこ》す、先《せん》亡久遠《もうくおん》、山川地主《さんせんちしゅ》、乃至曠野《ないしこうや》の諸鬼神等《しょきじんとう》、請《こ》う来《きた》って此《ここ》に集《あつ》まれ、我今悲愍《われいまひみん》して、普《あまね》く汝《なんじ》に食《じき》を施《ほどこ》す……願《ねがわ》くは速《すみやか》に成仏《じょうぶつ》して……

金田住職は太鼓を叩き、「甘露門《かんろもん》」というお経を読んだ。そして最後に洒水《しゃすい》をかけると、ぐったりしていた高村さんの顔にようやく赤みがさしてきた。

軍人の霊が語ったように、実際に終戦前の昭和20年7月に呉軍港はたびたび米軍の爆撃を受けている。この爆撃で、戦艦日向《ひゅうが》や戦艦榛名《はるな》、空母天城《あまぎ》など多数の艦が失われた。このとき戦死した中に水島という軍人がいたのではないか。そう思って金田住職に「調べてみましょうか」と尋ねると、「いや、それはやめましょう。これはあくまで高村さんの物語です。現実の世界と一緒にするときりがなくなります」と語った。

ちなみに、金田住職は、「除霊」に使った宗教儀礼についてこう記している。

〈今回行った宗教儀礼は、女性の宗教的風土的背景を考慮し、曹洞宗寺院で一般におこなわれている施食会《せじきえ》（施餓鬼会《せがきえ》）を基本におこなった。施食会は、お盆の時期におこなわれる先祖供養の儀式である。曹洞宗の一般寺院においては普通におこなわれている。各家々の先祖、ならびに自然災害、戦争の犠牲者、その他いわゆる「浮かばれない諸霊」を供養する。その中心をなす経文が「甘露門《かんろもん》」である〉

（金田諦應『東日本大震災――3・11生と死のはざまで』春秋社、2021年）

「施食というのは食を施すという意味で、迷える鬼神たちに食べ物を施すことを意味します。ただ、それをあなたたち（鬼神。ここでは憑依した霊）に供養するのではなく、施した食べ物はあなたたちの手で仏・法・僧の三宝に供養しなさい。そうやって功徳《くどく》を積みなさいということです。そして悟りの道を行きなさい。現世に災いを起こすべからずといったことが書かれています」

金田住職はこう説いた。

死者との対話、そして儀式

「除霊」の儀式といっても、いきなり祈禱《きとう》をするわけではないようだ。憑依した霊が語る言葉をひたすら傾聴し、細切れの話に筋道を立ててひとつの物語にすることで、霊が納得できるようにする。生身の人間と同じである。納得しなければ本堂まで歩いてくれない。納得さえしてくれれば、足が重くても本堂にはたどり着く。だから儀式は短くても2時

通大寺の本堂

間、長ければ8時間ぐらいかかってしまうのだそうだ。

まさしく「傾聴」であり、足が重くても、納得して本堂まで行ってくれれば、あとは「太鼓」「読経」「洒水」といった伝統的な儀式の力で、死者の行くべき世界へ導くという流れである。

では太鼓、読経、洒水にどんな意味があるのだろうか。金田住職は言う。

「太鼓はリズムをとるためです。ドンドンではなくドドーンドンドン。御神楽《おかぐら》がそうですね。聞いているだけで涙が出てきます。日本人の心の奥襞《おくひだ》に届いてこびりついたものを剝がすというか、あの力はすごいです。あのリズムで霊を追い出すというイメージです。

甘露門というのは、鬼を集め、地獄の門

を開けるという呪術性のあるお経で、霊がすすむ道を光のシャワーで照らしてくれます。ただ、これで憑依が解けるのは東北だからであって、外国人の前でやってもおそらく無理です。人間は意外にその土地の風土や文化に支えられているんですね。風土や文化を背景に納得させて引きずり出し、その後は伝統的な儀式の力で吹き飛ばす感じでしょうか」

洒水は、キリスト教でいう聖水のようなイメージだ。そうした水が湧き出る秘密の井戸でもあるのだろうか。すると金田住職は「ああ、それは水道水ですよ」と笑った。

「この水はな、栗駒山から汲んできた聖水だぞ、ってかけたんです。水と人との関係って面白いですね」

聞くたびに、映画「エクソシスト」の場面に似ているように思ってしまう。水や火、音、匂いといったものは、世界中のどの宗教にも共通するのかもしれない。

「香を焚《た》きしめて、蠟燭《ろうそく》に火をともし、洒水や太鼓の音、曼荼羅《まんだら》、お経、これらが人間の深層部分に作用して化学反応を起こし、ひとつの方向に向かっていくんじゃないでしょうか。ただし、同じ文化を共有していないと通用しないかもしれません。地域限定です」

金田住職は笑った。

もっとも、これは金田住職の「除霊」であって、「除霊」に共通のマニュアルなどはない。ときには師匠から弟子への口伝《くでん》であったりするから、寺によっても違うそうだ。金田

住職の場合はというと、

「父親がやっていたのを覚えていて、見よう見まねでやりました」。

「除霊」というので、祈禱のような儀式で霊を祓うのかと思っていたのだが、僧が死者の霊と対話しながら説得によって成仏させる、あるいは祀り上げるという、きわめて人間臭い方法だったのが意外だった。聞いている僕の認識から、「あの世」と「この世」の境目が消えていくような錯覚を覚える。


儀式が終わって憑依が解けたとき、彼女の中から本当に霊は消えたのだろうか。意外にも金田住職はこんなふうに言った。

「霊の存在云々《うんぬん》はどうでもいい話なんです。あるといえばあるし、ないといえばない。証明できるものではありません。あくまでその人の中での出来事なんです。だからとりあえず全部肯定します。その上で、それがその人にとってどういう意味を持つか。ここに来るまでの彼女は死にたいという意思表示をしていました。これは駄目です。絶対に死なせたくない、というのがあの儀式だったのです」

僕はその言葉を聞いてなぜかほっとした。

こうした話は、東北の寺を歩けばどこかで聞くはずである。古い寺の住職なら、数年に一度くらいは「除霊」に関わっていても不思議ではないと金田住職は言う。それぞれの寺でそれぞれの僧侶が、はるか昔から、頼まれては憑いた霊を祓ってきたのかもしれない。霊魂が存在するかどうかは別として、「除霊」という儀式は、少なくとも東北という文化圏の中で陰の文化として密やかに続いてきたのだろう。

5歳の男の子の魂に感じた罪の意識

彼女が抱く死者に対する罪悪感

僕は、高村さんと向き合っていた。

それにしても、8年も経って、なぜ自分の体験を語ろうと思ったのだろう。

長丁場になりそうなので、僕はリュックからICレコーダーを取り出して録音の準備を始めた。すると彼女は、「録音しても音が入れ変わったり消えたりするので、何台かで録音した方がいいですよ」と笑う。

「はぁ?」とため息を押し殺した僕は、慌ててもう1台の録音機を取り出すというドタバタから取材は始まった。

東日本大震災を取材中、憑依されたという被災者に何人も会ったことがある。出会ったのは2012年から2014年頃までの期間だが、いずれも1人に対して憑いた霊は1人である。30人以上の〝大量憑依〟なんて聞いたこともない。

「たくさんの死者に体の中に入られるという体験は普通じゃないですよね。わたしも、本当は病気なんじゃないかと、ずっと悩んできました。でも（金田）住職さんは、そうじゃないと言います。あなたの個性なんだと。迷える魂を救っているんだから人助けだと言われる方もいます。そのたびに悩みました。

本当は病名がついたんじゃないか……。

いや、お化けはやっぱりいるんだ……。

でも、こう言うと驚かれるかもしれませんが、死者（の霊）に体を奪われるという体験は、わたしにとってはレイプと一緒なんです。理解できないでしょうね。約1年の間に、わたしが嫌がるのもかまわず、30人以上の人（霊）が強引にわたしの体の中に入っては暴れたり怒鳴ったり、この体をよこせ、生き返らせろ、俺は死んでないとか……。わたしの意思を無視して好き勝手をしていました。わたしにすれば、あれはわたしの人権や尊厳を根こそぎ奪う行為でした。

あの人（霊）たちは、苦しいから、わたしに助けを求めたのはわかります。でも、わたしにとって彼らは加害者であり、わたしは被害者なんです。

津波で亡くなった人たちは、自然死のように『訪れた死』ではなく、津波によって生きることを奪われた人たちです。そうであっても、亡くなったのですから自分の死を納得してほしいのに、そうじゃない人がいっぱいいました。

たまたまわたしがこういう体質だったから、わたしという中継器にチューニングを合わせれば、それまで何もできなかった人（霊）たちが声を発することも肉体を得ることもできるので、みんなわたしの体に入りたがったのです。その人たちを、（儀式によって）再び死者の世界に送って死なすのですから、わたしは被害者であると同時に、加害者でもあると思いました。その罪悪感でずっと苦しんできたのです。それがはっきりとわかったのは5歳の男の子に入られた時でした」

5歳の男の子は、憑依した30人以上もの霊の中で、強烈な印象はないにもかかわらず、今もはっきり覚えている存在だという。少し前後するが、憑依された高村さんの心境を推察できるケースなので先に紹介したい。

津波で亡くなった男の子の霊

憑依した霊が体の中に入ると、死者の恐怖や絶望感とリンクするので、最初はずいぶんとつらかったそうである。しかし、除霊の儀式を何度も重ねていくと、慣れも手伝ってか、霊を追い出して死者のいる世界へ送ることがルーティンのようになっていったという。5歳の男の子が憑依したのはそんな頃だった。

「儀式は手慣れた作業のようになっていましたが、心の中はいつも晴れず、住職さんから迷える魂を救っているんだから人助けだよ、と言われても、やっぱり病気なんじゃないかと思い悩んでいました。

　戦争帰りの兵士がＰＴＳＤ（心的外傷後ストレス障害）になるのと同じかもしれません。（除霊してもらった）彼らは、結局、わたしにとって最後まで死者ではなく、『人』だという認識だからでしょう。だから『殺す』とか『死ぬ』といった表現にこだわったのだと思います」

　高村さんは言った。


「5歳の男の子はなんで憑依したんですか」と、僕は尋ねた。彼女は視線を外して沈黙を続ける。こういう時は思考を整理しているのだろう。

「儀式を始める前に、憑いた人が誰なのかを把握するために霊視をします。通大寺で行う霊視はとても疲れました。普段の霊視は細かい情報まではなくてもいいのですが、住職さんたちには正確な情報を伝えないといけないため非常に体力を使います」

　いきなり「霊視」と言われて困ったが、それはともかく、この時は男の子との会話がほとんどなく、情報もわずかだったという。

「津波で亡くなった男の子でした。津波が来るというので、避難しようと幼稚園バスに乗って逃げたのですが、途中で津波に呑まれたようです。バスの中の映像、幼稚園の先生の叫び声、他の子供たちの声、水がバスの中に入ってきて、横転する――。その子を通してわたしが見たのはそういう内容でした。男の子は恐怖心でいっぱいで、何が起こったのか、よくわかっていない様子でした」

「溺死」で死んだ霊の場合、いつもの高村さんなら、憑依された時にそれを追体験するのだが、この時はなぜかそれがなく、「こんな小さな子供の溺死を見ないですんで良かった」と安堵したそうだ。

「自分がどこにいるのかもわからない男の子で、迷子になって心細くてモジモジしている様子でした。すると住職さんが『ぼく、どこにいるかわかる？』と訊いたんです」

「この時も金田住職の声は聞こえていたのですか？」

「ええ、わたしはその男の子といて、住職さんは声が聞こえるほど近くでした」

「近くということは、遠い時もあるのですか？　現実の世界とは違うと思いますが、高村さんと男の子と金田住職はどういう状態になっているのですか？」

臨死体験に近い状態

またもや高村さんが沈黙する。

「わたしが見ているものと、住職さんが見ているものは別というか……、男の子がわたしの体に入った時点で、わたしはほぼ臨死体験に近い状態になるんですね。

あの世とこの世があるとしたら、その間にぼんやりとした〝あいまいな世界〟があって、男の子とわたしはその世界にいるんです。わたしに見えるのは、真っ暗なその世界に立っている男の子でした。その世界にいるわたし（の魂）から、現実の世界は見えません。住職さんの奥さんが伸ばした手を男の子がお母さんの手だと思って摑むところは見えたのに、住職さんたちの体は見えませんでした。

男の子はわたしの体を通して住職さんを見ていますが、住職さんが見ているのはわたしの体で『実際の男の子』は見えません。わたしには、2人がやりとりしている会話だけがはっきり聞こえていました。住職さんの姿は見えないけど、声だけがどこからともなく聞こえるという感じです。住職さんとしゃべっているのは、男の子が入ったわたしの体ですが、そのやりとりを、自分の体から離れたわたし（の魂）が第三者として眺めているんです。周りにはたくさんの死者（の霊）がいて、次は自分の番だと争っていて、それをわたしが抑えているんです。抑えきれないと、声がどんどん大きくなって街中の雑踏にいるように騒々しくなるから、2人の会話が聞こえないこともありました」

高村さんは、相変わらず「除霊」や「憑依」という言葉に違和感があると言った。

彼女の世界観では、「この世」と「あの世」の間に「あいまいな世界」があるようで、成仏すると、その世界から光に満ちた「あの世」に入って「無垢な魂」に変わって転生を待つが、成仏できない霊は「あいまいな世界」を浮遊していて、これが「この世」の人に憑依するのだそうである。供養して「無垢な魂」にするのだから、霊を除くのとは違うということだろう。

輪廻転生を説くチベット仏教では、生と死の間に「中有《ちゅうう》」といわれる霊的次元が存在するとされている。「中有」は「中陰《ちゅういん》」ともいい、死んでからまた生まれ変わるまでの中間の存在のことをいう。人間は、死ぬと数日間、魂は落ち着かずにさ迷い、生まれ変われなかった者は怨霊となって「中有」にとどまるそうだが、この観念は日本では四十九日として一般化していった。高村さんに憑依した霊がいる「あいまいな世界」は、この「中有」のようなものかもしれない。

「津波で一度死んだ人を、再び殺している」

「ぼく、大丈夫？　聞こえる？　苦しくない？」

金田住職が尋ねるが、耳に入らないのか「お母さん……」とすすり泣くような声が聞こえてくる。すると、そばにいた住職夫人がお母さんになりきって、子供の手を握りながらやさしく声をかけた。

「どうしたの、ここにいるよ」

「お母さん……」

かぼそい声だった。「ぼく、名前わかる？」と住職は尋ねるが、男の子は「……わかんない」と言ったまま住職夫人の手をぎゅっと握り締めた。

「そっかぁ。ぼく、どこにいるかわかる？」

「わかんない。ここ、どこ？」

金田住職の問いかけに、男の子がうつむきながら言うのが高村さんにも聞こえてきた。

この時の状況を高村さんに説明してもらうとこうだ。

体から幽体離脱した彼女の魂は男の子のそばにいるのだが、自分で動くことはできないし、かといって子供と住職の会話に彼女の意思を介在させることもできないから、ただ会話を聞いているだけだそうだ。彼女の肉体は憑依した子供にあけ渡しているので、儀式が終わるまでは、彼女の体は彼女のものではないのだという。

「子供が泣いているんだから、誰かこの子に手を差し伸べてよと思っていると、だんだん住職さんの声が近くなってきて、はっきり聞こえるようになったのです。

男の子はほんとに幼い声でした。亡くなったことも含め、今この瞬間でさえ、自分の身に何が起こったのか理解していないのでしょう。

すると住職さんは、『そっかあ、わかんないよねえ。ここはお寺だよ。ぼくね、死んだんだよ。わかる？』と言ったのです。すると5歳の男の子は困った顔で『わかんない。死ぬってなぁに？』って尋ねました。

『死ぬってね……、いろんなことができなくなることだよ』と住職さんがやさしく声をかけますが、やはり理解できないようです。

『ええ〜、わかんない』

住職さんは仕方なく、『そうだよね』とこの話を終わらせました。

全身が傷だらけでひどい状態でしたが、子供は気にもかけていない様子でした」

物音ひとつしない闇に、「死ぬってわからない」と聞こえてきた時、高村さんの感情がぐじゃぐじゃになったという。こんな小さな子供の溺死を体験していたら、尋常ではいられなかっただろうと思ったそうだ。

「憑いた霊のほとんどは個性の強い人たちで、自分の体を取り戻すにはあの人たちに死んでもらわなければ困ると割り切れていたのに、迷子になってモジモジしている子が、死んだことも理解していないのが衝撃でした。

そのうえ、すすり泣きながら、お母さんの手を握ってようやく安心したところなのに、そんな子に鞭打って、『わたしの体から出て行け！』と言っていいのだろうか。津波で死んだこの子をもう一度殺すのか。親も知らないこの子の最期をわたしだけが知っていて、親がそれを知ったらどう思うだろうと、わたしの感情は大きく揺れ動きました。津波で一度死んだのに、再び殺すのです。二重に殺していることになります。この罪悪感が、わたしをずっと苦しめてきました」

「除霊」は死者を殺すこと？

「二重に殺す」と言われても、僕には理解できなかった。すでに死んで実体のない者を「あの世」に送って「無垢な魂」にすることが、なぜ「殺す」ことになるのだろう。僕は、「なぜ罪悪感なのですか？」とストレートに尋ねた。

高村さんは言葉を選びながら言った。

「死者に入られるというのは、わたしの魂がわたしの体から外に出されて、代わりに亡くなった人がわたしの体を乗っ取るようなものです。自分の体を取り戻すためには、入った人に死んでもらうしかありません。住職さんの言葉で言えば『成仏する』ということなのですが、わたしが見ている世界では、『もう一度その人たちが死んでいく』のですから、わたしの中では殺したという感覚が残るんです」

それを聞きながら、僕は2つのことを思った。

たとえ死者の霊であっても、彼女の口から「死んでもらう」とか「殺した」とか聞くとゾクッとする。おだやかな表現でないのは、彼女が見ている霊は、僕たちがイメージする霊とは全く違うからではないだろうか、ということだ。

か。


「二重に殺している」という言葉の意味を彼女に尋ねた時、こう言われたことがある。

「誰も『幽霊』なんかじゃなかったから……」

彼女にとって、「あいまいな世界」にいる死者の霊は、リアルな世界で生きている人間と少しも変わらずに見えているのかもしれない。異常な光景を4Kのように精緻な映像で見続けると、見た人は実際に体験したのと同じ感覚になるといわれる。それと同じではないか。

実際にこうも言われた。

「住職さんたちは成仏させたという感覚ですが、わたしが見ている世界では、その人たちが人の形でなくなる瞬間を見ているので、わたしには殺したという感覚が残るんです」

おそらく彼女が見ている霊たちは、余人が想像する以上にリアルで、現実に存在するのと何ら変わらない姿であらわれるのだろう。だから、「霊」の形が消えてしまう「あの世」に送ることが「殺す」という感覚になるのだ。「霊」や「憑依」という言葉に違和感を覚えるのも、憑依する霊はまだ生きているという感覚があるからかもしれない。

それでも彼女の言葉は、僕の理解を超えていた。

「ここ10年近く、わたしは30人以上も殺したんだという罪悪感で苦しんできました。その一方で、それは悪いことではないし、彼らは死んでるんだから、わたしの体を取られるわけにはいかないと居直ってました。けれども、5歳の男の子があらわれた時は、ああ、こんな小さな子供まで死なせないと自分の体を取り戻せないのかと、現実を知ったというか、わたしの感情は崩れていきそうでした」

5歳の男の子の成仏

「5歳の男の子は、その後どうなったんですか?」と僕は尋ねる。

「男の子の話すことは、あちこちに飛んでとりとめがなかったのですが、そのうち『今日はカレーの日だよ』って言ったんです。

『野菜は嫌いだけど、カレーライスの中に入ってる野菜ならいっぱい食べれるの。今日はカレーの日ってお母さん言ってた』と嬉しそうに言うんです。住職さんがそれを聞いて、

『じゃ、カレーを食べるところに行こうか』と声をかけると立ち上がりました」

「カレーは食べたのですか?」と僕は尋ねた。

「今日のご飯はカレーだよと言われて、それを楽しみにしていたという話でしたが、住職さんの奥さんがつくってないので食べなかったのではないでしょうか。

そのあと、住職さんが男の子をどう納得させたのかはわかりません。

バスが津波に流される映像が見えました。すると男の子が『みんなの顔、怖かった』と言ったのです。同じバスに乗ってた子供たちでしょう。

『お母さんがいるよ。怖くないから、一緒に行こうね』と住職さんの奥さんがやさしく声

をかけると、住職さんも、『お母さんに手を握っててもらうから大丈夫だよ』と言いました。でも不安なのか、男の子は尋ねます。

『ぼく、どうなるの？』

『お地蔵様と一緒に、ぼくと同じように亡くなった子たちがいるところに行くんだよ。お地蔵様がね、迎えに来るんだよ』

『いつ来るの？　早く来てって言って』

『わかった。早く来てって伝えるから、そのためにお経を読むね』

そこへ『一緒に行こうね。お母さんと光いっぱいのところに行こうね』と奥さんの声を聞いて安心したようです。

住職さんの奥さんが手を伸ばしてくれて、その手を5歳の子がしっかりと握っているのを見た時、よかったと思ったのを覚えています。わたしはその様子を見ながら死者が行く世界へ……わたしの言葉で言えば『死なせるべき場所』へと歩いて行ったのですが、死んだこともよくわかっていない子を、死者の世界に道案内しないといけないなんて、とても信じられませんでした。

5歳だから死を受け入れたかどうかはわかりません。行くべき場所に行くよとなった時、住職さんの読経が始まりました。わたしと男の子は真っ暗な中を、柔らかな風に押されるようにして、ゆっくりと光のある方へ歩いて行ったのです。

それは、遠くて、すごく、すごく小さな光でした。その光の前まで来ると、あたり一面が光で輝いていました。でも男の子は、モジモジとしてなかなか光の中に入ろうとしません。１人で行くのは不安だったのでしょうか。わたしは、自分の体の半分を光の中に入れて、男の子を引っ張りました。非常に危険なのですが、賭けでした。光の中はとても暖かくて、それだけが救いでした。男の子に体から出てもらうと、わたしの魂が自分の体に戻りました。男の子の死を、わたしが完結させたのです」

男の子が出ていって気づいたこと

「最後に洒水といって水をかけますが、水をかけられる感覚はわかるんですか？」

「ええ、読経が始まると水をかけられるのですが、その水がすごい熱いんです。最初は『アツ！』と声を上げるほどで、熱湯をかけられたんだと思っていました」

実際にかける洒水はもちろん熱湯なんかではない。普通の水である。

「死者の魂がわたしの体を出て真っ暗な世界から明るい世界に行くのと、読経が終わるタイミングがいつも同じでした。『ああ、疲れた』と思ってわたしの体に戻ると、住職さんから名前を呼ばれて目を醒まします。この儀式が終わるまで、わたしの体は、わたしのものではないのです」

目が醒めた時のことはあまり覚えていないそうだが、あとで聞くと、住職夫人も高村さんの家族も、周りにいた人はみんな泣いていたと言った。

彼女は、憑依する霊と彼女の関係を、加害者と被害者という関係で語っていたが、5歳の男の子の登場で、そういう単純なものではないことに気づいたのだろう。「本当の意味で現実がわかった」と言った。霊のいる世界も、現実を反映して複雑であることを理解したということだろうか。


しかし彼女は、ここからさらなる「地獄」を体験することになる。

＊

聞き慣れない話の連続に、僕は少し疲れていた。ひと休みしたい。

それにしても、どうして僕は彼女の話を聞いているのだろう。ときどき混乱してくることがある。かつてがんの末期患者から「お迎え現象」のことを聞いてもそれほど驚かなかったし、むしろ非合理的な現象として否定する医師を情けなく思ったものだ。その後、亡くなった人との再会ともいえる被災地の霊体験に耳を傾けたことがきっかけで今回の憑依体験を聞くことになったのだが、ただ、それまでとは落差がありすぎて、途中でやめようと思ったことも何度かあった。でも続けているのは理由があるからだろう。

前出の僕が親しくしている僧がこうも言ったことを覚えている。

「あなたが書いた被災地の霊体験も、人が死ぬ間際に体験する『お迎え現象』も同じではないですか。見えたものが、この世に存在するのかどうかを議論しても、見えたことで困っている人には何の解決にもならないでしょう。見えて困っているなら対処すればいいし、喜んでるなら、よかったねと声をかけてあげればいいじゃないですか」

確かにそうだ。現象が存在するかどうかではなく、見た人の体験が事実ならそのまま肯定することでその人は生かされるのではないか。

同じように金田住職もこう言っていた。

「彼女の体験話を信じるかどうかではなく、僕は事実として見ました。あれは彼女の知識だけでつくりあげたものではないですね。彼女が助けを求めているなら、それを受け止めたうえで解決方法を示すことです。受け止めるというのは、彼女に起こったことを全て認めるということです」

僕もそう思う。彼女自身は東日本大震災で被災していないし、周囲に被災者もいない。また被災地にも行っていないから、以降のリアルな物語をつくれるとは思えない。霊の存在を問えば果てしない議論になるが、彼女に起こったことは間違いなく事実なのだ。そのことは、大勢の人が儀式を見ていることでも明らかだろう。

金田住職は、除霊という儀式は「同じ文化を共有していないと通用しない」と言ったが、海外にも憑依や除霊の儀式はあるのだろうか。かつて「エクソシスト」というホラー映画があったが、あんなことは実際にあるのだろうか。

現代日本とヨーロッパの「憑依」や「除霊」の比較研究だけでなく、文化人類学者として「先進国の異文化間で、霊が引き起こす現象の比較」を研究しているという京都大学人間・環境学研究科のアンドレア　デ・アントーニ准教授は、「個人的に霊を信じているわけではないが、信じていないわけでもない」と言いつつ、こんなことを語ってくれた。

僕が「霊に憑依されたという現象をどう受け止めればいいですか？」と尋ねた時だ。

「信じるか信じないかというよりも、その話が事実かどうかでしょう？　憑依の経験をした人がいるのが事実であるなら、少なくとも私にとって、霊の存在を受け入れるというより、その人を受け入れることだと思います。きっと本人は苦しんでいるはずです。それを受け入れてあげることが重要で、霊が実際に存在するかどうかはどうでもいいことじゃないですか」

全く同感だった。そのひと言を専門家から聞けただけでも充分だった。

「西洋でも、亡くなった人の霊が憑く事例はあるのですか？」

「世界中、どこにでもあります。キリスト教では、人間は死んだらあの世に行くものなので、亡くなった人の霊があらわれるのは、悪魔が憑依して、亡くなった方の霊を演じているのだと解釈されます。

憑依は二つに分けられます。霊媒師のように修行して憑かれる能力をもった人の憑依がその一つです。日本だったら青森のイタコや沖縄のカミンチュ、それに巫女《みこ》もそうです。こうしたシャーマン的な専門家はどの国でもいます。もう一つは病気として捉えられている憑依。何らかの不幸があったり調子が悪かったりして普通の人に憑く憑依です。後者の研究はほとんどされていなくて、それを私がやっています」

僕はイタリア人のデ・アントーニ准教授に「日本と比べて、イタリアでは憑依をどう受け止めていますか？」と尋ねた。

「日本の近代化は西洋を見習ったのですから同じですね。ですが、日本の方が憑依について話しやすいような気がします。実際に京都に住んでいるイタリアの友人が、金縛りの話をしたことがあります。イタリアには金縛りという言葉がないんです。説明してあげたらほっとしたようで、『しゃべったら狂っているように見られるから、誰にも話ができなかった』と言ってました」

「憑依されると、やはりエクソシストのような人が除霊をするのですか？」

「カソリックだと、司祭がモラル的に相応《ふさわ》しいと考える神父をエクソシストに指名します。指名されるとやらざるを得ないんです。バチカン公認の大学には年に1回、そのための講座があって、そこで授業を受けようと世界中からエクソシストが集まってきます。私も、アジアにおける憑依というテーマで講義をしました」

「すると、霊が憑くというのは、悪魔が憑くイメージですか？」

「エクソシストだとそうなりますね。ただ、日本では憑依されたら、お坊さんに頼んで祓ってもらえますが、ヨーロッパはエクソシストにアクセスしにくいかもしれません。憑依されたらまず教会に行きますが、必ずしもエクソシストがいるわけではないので、エクソシストをさがさないといけない。さがし当ててもいろいろ質問されます。これは診断ですね。でも、よほどのことがない限り悪魔祓いはしません。9割以上が『ミサに来てくれ』と言われてお終《しま》いです。だからどうしても症状がきつくなって、悪魔祓いの儀式を受ける時は映画のような感じになりますね。もっとも宙を飛んだりはしませんが……」

　では長く儒教文化が続きながら、カソリックの信者も多い韓国はどうなのだろう。准教授は「韓国にもエクソシストがいて話をしたのですが、最初は日本と同じで亡くなった方の霊とされるのに、悪魔祓いをすればするほど、悪魔だと言うようになります。おそらく儀式中に、悪魔を思わせる言葉を聞いたのかもしれません」と言った。まるでアジアと西洋の文化がミックスしたかのようだ。

「日本では平安時代の書物からも憑依現象が出てくるようですが、海外でも古い書物に記録されているのですか？」

「もちろん出てきます。聖書にも出てきますよ。私たちには不思議な現象かもしれないけど、タブーな存在になっていることの方がおかしいのです」

「マタイによる福音書」8章（28〜33節）にはこう記されている。

〈イエスが向こう岸のガダラ人の地方に着かれると、悪霊に取りつかれた者が二人、墓場から出てイエスのところにやって来た。二人は非常に狂暴で、だれもその辺りの道を通れないほどであった。（略）悪霊どもはイエスに、「我々を追い出すのなら、あの豚の中にやってくれ」と願った。イエスが、「行け」と言われると、悪霊どもは二人から出て、豚の中に入った。すると、豚の群れはみな崖を下って湖になだれ込み、水の中で死んだ。豚飼いたちは逃げ出し、町に行って、悪霊に取りつかれた者のことなど一切を知らせた〉（『聖書』新共同訳、日本聖書協会。傍点引用者）

世界中で、それも古くから記録されているということは、表層の症状などではなく、もっと根源的な現象なのかもしれない。だからといって、これを脳機能の問題にすることには違和感がある。デ・アントーニ准教授は脳還元論を「サッカーの試合を説明するのに、足の機能を説明するようなものです。憑依には社会的な側面も大きいのです」と言った。それはともかく、地理的にも歴史的にも、憑依現象が広範囲に起こっているなら、准教授が言うように、憑依をタブーにすることの方がおかしいと言えるだろう。

僕は、デ・アントーニ准教授に励まされたような気がして、再び高村英さんに会ってみようと仙台に向かった。

第2部

乱入

「娘をさがしに行かせろ」と叫ぶ死者の慟哭

入れ替わるように霊が……

下半身がない兵隊の除霊に戻るが、儀式が終わると、金田住職は精も根も尽き果てたようにぐったりとなり、座っているだけで精一杯だった。儀式を始めてから5、6時間は経っていただろう。次の日は、移動傾聴喫茶「カフェ・デ・モンク」を被災地の仮設住宅で開く予定だったから、どこでもいいから早く体を休めたかった。

高村さんはといえば、読経が終わった頃からすでに体に異変が起きていた。下半身がない兵隊が彼女の体から出て行ったのと入れ替わるようにして、別の霊が彼女の体に侵入しようとしていたのだ。憑依されて体を乗っ取られないようにと必死に抵抗していたが、もう無理だとわかると、金田住職に向かって「次の人が出てきます！」と叫んだ。

儀式が終わったのだから帰るものと思っていた金田住職らは、一瞬何が起こったのかわからず、茫然としていた。

事前に聞いていなかったから、これは予想外の展開だった。

「震災関係で亡くなった人かと思います。お願いします。出します！」

ゆっくりと説明している余裕はなかった。

映画館で映画を見終わって、さぁ帰ろうと立ち上がったら、突然、新たな映画が始まったようなものだと、彼女は言う。

「兵隊さんを送り出して、自分の魂を体に戻してホッとしたと思ったら、いきなりでした。体を鷲掴みにされて、ベリベリと剝がされるような感覚というか、強い力でドンと押されて心臓が飛び出したような衝撃というか……」

金田住職は、誰が出てくるのかわからず、慎重に見守った。そうしているうちに、彼女は意識を失ったかと思うと、断末魔のような声を上げて喉元をかきむしったり、畳の上をのたうち回ったりし始めた。息苦しいのか何度も咳《せ》き込み、よだれを垂れ流していた。何かを吐き出そうとしているらしく、何度もえずいた。

住職は彼女の肩を摑むと、「英ちゃん、大丈夫か！」と、住職夫人とかわるがわる声をかけながら、必死に状況を把握しようとしていた。

彼女は溺れかけていたのだ。もちろん実際に溺れていたわけではないが……。

「突然でした。口の中、耳の中、穴という穴に泥水が入ってきたんです。息ができないどころか、吐き出すこともできない。周囲は真っ暗な水の中で、最初は水の中にいることさえもわかりませんでした。突然、わたしが地上から瞬間移動したみたいに、水の中で溺れているんです。自分に何が起きているのかわからなくて、とにかく必死に手足をばたつかせていました。あれが、初めての溺死体験でした」と高村さんは言う。

「憑依されたら、いきなり水の中ですか？　それも溺死中？」

「ええ、溺れているところからのスタートでした。皆さん（津波による死者の霊）、何が起きたのかわからないうちに死んでいるので、亡くなる寸前の場所からスタートしたり、いちばん印象に残っている場面からスタートしたりします。人によって違うんです。この方（高村さんに憑依した霊）は、自分が死んだこともわからない状態だったので、溺れ死ぬところからスタートしたようです」

憑依した霊は津波に呑み込まれたのだろう。死者の霊とリンクする彼女も、同じように津波に呑まれて溺死する場面で幕が上がったのだ。

もちろんこれは彼女の視点からのストーリーであって、金田住職とは時間軸も空間軸も違っているそうだから、2人が見た世界は異なっていたはずだが、ここでは高村さんの体験を中心に物語をすすめる。

「わたしが溺れて死ぬと、少し経ってからわたしの体に別の魂が入りました。そしてわたしの魂が追い出されたのです。肉体を失うと、真っ先に何を失うかというと、声を失うんです」

見たり聞いたりはできるが、自らしゃべることができなくなるのだという。

「死者の霊が憑依するには、（高村さんが）死ぬことが必要なんですか？」

「おにぎりが食べたいと言った男の子の場合は、そういう体験は一切ありませんでした。ある人とない人の違いは……、わかりませんね」

「死後の世界」の身近さ

憑依が完了したのだろう。それまでの荒々しかった呼吸が落ち着いたと思うと、突然、本堂中に響くような野太い男の声で叫び始めた。

「ワカナ！　ワカナぁぁ～～！」

その叫び声は彼女にも聞こえていたが、溺死体験の後だからフラフラで集中できず、ただ見ているだけで精一杯だったと高村さんは言った。

「口の中に入った泥や砂を吐き出したくって、何度も空えずきを繰り返していました。耳や目にも泥が入っていて、そのうえ冷たくて重たくて、今にも死にそうでした。いや、わたしは溺死したんでしたね。死後の世界はあると知っていましたが、こんな近くにあったのかと驚きました」

死後の世界で溺死とは理解しかねたが、もう一つわからないことがあった。

「こんな近くにあった？　どういう意味ですか？」

「昔からわたしは、亡くなった方たちの魂と共存しているのが当たり前だったので、死後の世界はないと思っていたのです。だって死者がそばにいるわけですから。つまり、死後の世界というのはなくて、単純に肉体を失った人がこの世にいて共存していると思っていました。ところが、亡くなり方によっては……、たとえば自殺するとか、殺されたとか、何らかの理由で亡くなった方たちがとどまる死後の世界があることに気づいたのです」

「どういう世界なのですか？」

「ひと言でいうとカオス的な世界でしょうか。『あいまいな世界』のことです。自分の死を受け入れてない人、殺されて血を垂らしている人、自殺した人、死刑になった人……、血まみれの子供もいました。あまり思い出したくない場所ですね。理由があるとはいえ、そういう世界に来るしかなかった人たちもいるんですね。それまで、そういう場所とつながったことがなかったので、こんな近いところにあったのかと驚いたのです」

「その時の高村さんも、その死後の世界にいたというわけですね」

「そうです。寒くて寒くて、全身が濡れていました。服は濡れて重く、体も鉛のように重たかった。何が起きたのかわかりませんでしたが、なぜかこれからも同じことが続くんだと思いました」という。魂が寒いと感じるというのが、僕にはちょっと意外だった。重いというのも不思議だ。死後の世界に行っても重力があるのだろうかと思ったが、慌てて頭の中から思考のかけらを消した。

いずれにしろ、彼女にすれば、これをとば口にして震災の霊たちが次々とやってくるという、そんな予感でいっぱいだったのだ。

そして、それは現実になった。

津波で死んだことがわからない霊

金田住職が、野太い声で叫ぶ男に向かって、「あなたは誰ですか！」と尋ねた。

彼女は、暗闇の中を浮遊しながら状況を眺めていたが、見えているのは「ワカナ！」と叫ぶ男だけで、金田住職の姿は見えていない。ただ男の声も住職の声も聞こえていた。おそらく男も同じように金田住職の姿は見えないが、自分に尋ねられていることはわかっているので、声は聞こえたはずだという。

前出の下半身がない兵隊も、金田住職の問いに対して「あなたは誰ですか」と尋ね返したのは、姿が見えていなかったからだと彼女は言う。

「お前こそ誰だ！　ここはどこだ？」と男が問い返した。

まさしく即興の物語のスタートである。

「ここは栗原市の寺だ。私はそこの住職だ」

「なんで俺は寺にいるんだ。あん？　住職だと？　なんで俺の前に坊主がいるんだ。ワカナはどうした？」

「ワカナとは誰なんだ？　あなたはどこにいるんだ？」

「ワカナは俺の娘だ。俺がどこにいるかって……」

男はあたりを見回す。真っ暗で寒く、自分の身体がびしょ濡れになっていることに初めて気づいたようだった。

「ここはどこだ……、何も見えない。暗い……」

「地震が起きたことはわかってるな？」と金田住職は確かめるように言う。

男ははっと気づいたように声を荒らげた。

「そうだ！　地震が来て、妻から『ワカナを迎えに行けない。渋滞にはまった』とメールが来たんだ。その時、防災無線で津波が来るって放送があったのを覚えている。だから、だから俺は慌ててワカナを迎えに海沿いの道を車で走っていたんだ。ああ、娘のいる学校へ迎えに行くところだったんだ。俺を迎えに行かせろ！」

金田住職は「それは無理だ」と静かに言った。

「なんでだ！　行かせろ！」

「その地震も津波も、もう1年前のことだからだ」

「え!?　いちねん、前……」

下半身のない兵隊と違い、彼は自分が死んだことを知らなかった。地震も津波も1年前の出来事だということを、この時初めて知ったのだ。

金田住職の言葉に、男が膝からくずおれるようにへたり込むのを彼女は見た。しかし彼女は、口の中に入った泥や砂利を吐き出したくってもがいていた。耳や目にも泥が入っていて、体は凍りそうなほど寒かった。初めて体験する溺死は衝撃的で、意識はあったものの、立っていられなかったという。

金田住職らは、彼女がいきなり畳の上に倒れたので心配そうに見守っていた。

「本人は津波から1年経っていることを知らなかったのですか？」

「だから溺死からスタートなのです。下半身がない兵隊さんの場合は、自分の死を納得していましたが、心残りがありすぎたので、やはり死ぬところからスタートしたんですね。この男性は、そもそも自分が死んだのを知らないから、死を受け入れていません。それが1年も経っていることにようやく気づき、急に現実が襲ってきたみたいです」

娘のワカナは小学生だった。男は若かったような気がすると彼女は言う。体格が良くて強面《こわもて》で、ちょっとやんちゃな雰囲気があり、まだ二十歳になるかならないかの若い時分に結婚した印象だったそうだ。

「納得できない」霊との対話

「苦しくないか？　私の言う意味がわかるか？」と金田住職。

「わからない、暗い……」

津波に呑まれて海中にとどまっているのだろうか。

「ここはどこだ？　俺は死んだのか？」と男は矢継ぎ早に尋ねる。

「あなたは死んでいる」

「そんなはずはない！　俺には体がある、手足がある。ワカナを迎えに行かせろ！」

「その体はあなたの体ではない。その体から出て行きなさい」

「うるせえ！　ワカナはどうなった？　死んだのか？　生きてるのか？」

金田住職はじっと聞いていた。男は「俺を迎えに行かせろ」と何度もしつこく言った。それを聞いていた高村さんは、溺死体験でぐったりしていたせいか、一時は自分の体をくれてやろうかと思うほど投げやりになっていたという。そこへ、金田住職の毅然と言い切る声が聞こえてきた。

「あなたは死んでいるのだ！」

男は黙った。

「他にもたくさんの人が死んだのだ」

「本当に死んだのか？　じゃ、今こうやって話しているのは何だ！」

そんな押し問答が続いたあと、男はようやく観念したかのように声を落とし、「俺はやはり死んだのか？　津波で？　他に何人死んだのだ？」と弱々しく尋ねた。

金田住職が「2万人が死んだ」と言うと、男は「なに2万人!?　そ、そんなに死んだのか」と絶句したあと、「俺のワカナはどうなった？」とすがるように言った。

「わからない」

「俺はそれさえも知ることができないのか」

「そうだ、受け入れなさい！」

男はそれを聞くと号泣した。「なんでだよ、俺を行かせろよ！　娘を迎えに行かなきゃいけないんだ。この体があるなら行けるだろう！　あぁぁぁ〜」と、あたりかまわず悲愴な声を上げたが、もう以前の勢いはなかった。

「親ならわかるだろう。この人（高村さんのこと）にも親がいるんだ。自分の娘がこんなことになったと知ったら、どんな気持ちになる？　あなたも親なら、わかるだろ？　この人を親の元へ返しなさい」

男はただただ「わあぁぁ〜」と泣き続けた。

住職から、光の世界に導くと言われたのだろう。泣くだけ泣いたらおとなしくなり、諦めたようにその場に正座する姿が見えたと彼女は言う。

「この人は、娘のところに行けるから納得したというわけではないのですね」と僕が尋ねると、「全く納得していません」と高村さんは言った。

死に臨んだ時、死を覚悟できるかどうかは「納得」できたかどうかだといわれるが、大半は「諦め」なのかもしれない。がんで死に逝く人を見ても、死ぬのは嫌だ嫌だと死を受け入れようとしなかったのに、体力が奪われていくにつれて、最後は生に執着する力も消えて諦めの境地に入っていく。そんな状態だったのかもしれない。

「受け入れるしかなかったのでしょうね。津波から1年も経っていることや、自分が死んでいることを知って、『あなたも親なら』と言われたら、やはり諦めて受け入れるしかなかったのだと思います」

高村さんは言った。とはいえ、金田住職から、「あなたは死んでいるのだから受け入れなさい」と言われ、霊が、まるで裁判官に判決を言い渡されたかのように、この世への執着を捨てて光の世界に行こうとするのが不思議だった。東北では、まだ僧侶に対する敬意の念が薄れていないということなのだろうか。

「死者の魂」を押しのける感覚

「光は見えないか？　光をさがしなさい」と金田住職が言った。

男は必死に光をさがしているが、「見えない。人が多すぎて何も見えない。真っ暗だ」と困ったように言った。

「これから、あなたと娘と奥さんのことを思ってお経を読むから、光をさがしなさい」

しかし光は見つからず、「ワカナ、ワカナ〜」と、まるで迷子になった子供のように名前を叫んでいた。そのたびに住職の読経が止まり、男に語りかける。

高村さんも立ち上がって一緒に光をさがし始めたが、その時、初めて自分がいた世界を見て「地獄か！」と思ったという。

「よく目を凝《こ》らすと、あたり一面が人の海でした。いわば、満員電車の中にいるみたいに、死んだ人たちがひしめき合っているのです。泣き声、叫び声、すすり泣く声、ヒステリックに叫ぶ声、ぶつぶつとつぶやく声、声、声、声……。人間ではない声も聞こえてきました。彼ひとりでこの人垣をかき分けながら進むのは並大抵ではないと思い、手助けするつもりでその男性の横に並びました。そして一緒に人を、というか浮遊する（死者の）魂を押しのけたんです。その感触は今も残っています」

「男がいたという海の中をかき分けて進むのですか？」

「溺死したあとは、別に海の中にいるわけではないんです。溺死した時は海の中にいましたが、それが終わるとチャンネルを変えたみたいに瞬間移動して次のステージに移ります。それが真っ暗な世界なのです。そこを必死に……」

「必死に、ですか？」

「ボーッとしてたら、いきなり光をさがしなさいと言われたんです。自分自身が生き返る確証もない。だったら、自分の体を奪い返すしかないと思ってがむしゃらでした。

真っ暗な中で必死にかき分けていたら、何かにつまずいた気がしたので見ると、泥だらけのベビーカーが転がっていました。それを踏みつけるようにしてしばらくすすむと、ようやく風を感じる場所に出たのです」

「風を感じる場所？」

「ええ、どう表現したらいいのか、たとえるなら、暗闇だった地下を通り抜け、ようやく地上に出たという感じでしょうか。そこは明るくて、風が感じられる場所でした。そうそう、追い風でしたね。そこに出ると、男性はその風に押されるようにして、光の方へ、光の方へとすすんでいったんです。それを確認すると、わたしは急いで自分の体に戻りました」

彼女が意識を取り戻すと、その場にいた全員が無言で彼女を見つめていた。予想もしなかった展開と、無事に戻ってきたことに安堵したのだろうか。

憑依していた霊が消えたというのに、泥臭いような生臭いような何ともいえない臭いがいつまでも残った。口の中にまだ泥が入っている感覚があり、しばらく口の中でジャリジャリと音を立てているような気がした。

通大寺からの帰り道、喉が潰れたように声が出なくなっていたので、なんとか水を飲もうとしたが、逆に咳き込んで戻してしまった。喉から出血していたらしく、吐いた水の中に血がまじっていたという。
その後、彼女は数日間、熱を出して寝込んだ。

◈

金田住職の視点

同じ「ワカナの父親」に対峙しても、金田住職と高村さんとでは話に多少のズレがある。ただ、こうした事例では、正確さはそれほど重要ではないように思う。立ち位置が違えば、違った見え方になるのは当然だからだ。それを承知で金田住職の証言を紹介したい。

寺は闇に包まれ、ひっそりと静まり返っていた。
聞こえてくるのは庭にすだく虫の声だけ。高村さんは疲れたように机に突っ伏していたが、しばらくするといきなり男の声に変わり、「ワカナ！　ワカナ！」と叫び始めた。たしかに高村さんの口から出ているが、まぎれもなく野太い男の声である。まるで迫真の演技をしているようだ。

「あなたは誰ですか？　どうしたいんだ？」

金田住職が、声の主に向かって呼びかける。しかし男は「うううううっ」と唸るだけだった。住職はさらに「安心しなさい」と声をかけたが、男は誰に言うともなく「お前なんかにわかるわけがないだろ」と吐き捨てた。「私はちゃんと聞くから」と、なだめるように言うが、男は「お前こそ誰だ？」と返した。

「坊主だ。ワカナがどうした？」と臨機応変に応じる。解釈ではなく、どうすればリアリティーのある話をつくれるかだと、金田住職は言った。

すると男は少しずつ語り始めた。

「迎えに行かなきゃ」というので、「どこに行くんだ？」と金田住職は尋ねる。男は「小学校だよ」と言った。校名を知りたくて「どこの小学校なんだ？」と尋ねるが、やはり「娘が通っている小学校だよ」としか言わなかった。

「会話の始まりはいろいろです。相手の出方にもよりますが、この時は、『ワカナ！』と言うので、『ワカナって誰だ？　あんたは誰なんだ』と訊いたわけです。『迎えに行かなきゃ』に対して『どこに行くんだ？』です。相手も私を確かめている感じでした。そうやって距離を縮めていくのですが、残念ながら、尋ねても名前を言わないし、小学校も具体的な校名は教えてくれませんでした」

こうして即興の物語が延々と続いた。

最初は「どこにいるんだ?」と訊いても、お前なんかに関係ないだろと拒絶されたが、それでも「ずいぶん苦しそうな声だから心配したんだ。苦しい場所にいるのか?」と、男を思いやるように投げ返した。こんなやり取りを続けていくうちに、男はようやく本心を吐露し始めた。

「俺は、娘をさがしているんだ……」

娘は小学4年生で、海岸近くの学校に通っていたそうだ。大地震の後、津波が心配で妻を娘の学校まで迎えに行かせたのだが、地震で倒れた電柱が道を塞いで車が動かないと連絡があった後、携帯がつながらなくなってしまった。

それなら俺が行くしかないと思った男は、海岸通りは危険なことを承知しながら、思い切って車を走らせた。しかし、その途中で真っ黒な津波に呑まれてしまう。男は海中に引き込まれたがその後の記憶がなく、住職の言葉で自分が真っ暗な海中に漂っているのを初めて知ったようだ。

「あんたは死んだんだよ」と金田住職は言った。

「なに!　俺が死んだだと?」

しばらく沈黙が続いたあと、男は金田住職に確認するように言った。

「海岸で津波に巻き込まれたのはわかるが、本当に、俺は死んだのか？」

「そう、死んだのです」

「あぁ、死んだんだ！　わぁ～」男は叫び声を上げた。

「あなただけじゃない。この津波で2万人近い人が死んだんだ」

「なに、2万人も死んだのか」

男は衝撃を受けているようだった。そして何かに気づいたように金田住職に問う。

「そう言うお前は、いったい誰なんだ？」

金田住職はあらためて説明したが、「なに！　お前のようなやつは知らない」と受け入れようとしない。そこで、これまでの経緯を説明したうえで、「あなたは今、若い女性の中にいるが、津波で死んだのだから、死者が行く場所へ行きなさい」と諭したのだが、

「そんなはずはない、嘘だ！」と信じない。

「大切な人が2万人もいなくなったんだ。わかるか？」

すると再び男は「わああ～」と泣き出した。

男の苦しそうな声を聞いて、住職は「そこは苦しいところなのか？」と重ねて訊いた。しかし答えない。あらためて「あなたは今どこにいるんだ？」と尋ねると、ようやく「暗い……、真っ暗なところにいる」とつぶやくように言った。

「暗いところというのは海の底なのか？」と問うと、男は「そうだ」と言った。

鎮魂を願い、被災地を行脚する金田住職ら

「光が見えるか？」

「見えない」

「上の方を見なさい。何が見える？」

「上にはいっぱい何かが浮かんでいる」と男は言う。津波で流された遺体や瓦礫《がれき》だろうか。どうやら男の霊は、海の底からそれを見つめているようだ。

「どこかに光が必ず見えるはず。光をさがしなさい」と金田住職は言った。

しかし男は、他人に指図されるのが許せないらしく「お前はいったい誰なんだ！　何の権限でおれに命令するんだ」と反発した。

「あなたが今いるところは若い女性の中だよ。この女性（高村さん）にもお父さんやお母さんがいる。あなたも娘のことが心配だから、ここにいるんだろ？　あなたも父親なら、この女性の両親が心配しているのはわかるはずだ。あなたがそこから出ないと、この人は死んでしまうんだよ。それでもいいのか？」

金田住職がそう言うと、男は黙ってしまった。

長い沈黙の後で、男はようやく口を開いた。

「わかった」

「今から私が光の世界に導くお経をあげるから、本堂に行こう」と誘うと、男は「お前にそんな力があるのか？」と値踏みするように言った。

金田住職は「ある。任せろ！」と断言した。

すると男は、「わかった。行く」と渋々同意したようだ。

高村さんの記憶では、下半身のない兵隊を除霊したあと、本堂から移動する前にワカナの父があらわれたのだから、そのまま本堂に残って儀式を続けたはずだが、金田住職の記憶では、男が応接間の畳の上にうつぶして爪を立てていたのを、引きずるように本堂へ連れていったことになっている。どちらかの記憶違いだろうが、たいした誤差ではないのでそのまま記述することにする。

金田住職は、ぐったりしていた高村さんを抱えて本堂に向かったのだが、途中で気が変わって行きたくなくなったのか、身悶えしながら体をつっぱらせて抵抗し始めた。

体を硬直させるものだから、とても抱えては行けない。横から住職夫人も「これから和尚さんがちゃんとお経あげて、あちらの世界にやってくれるから安心しなさいよ」と声をかけるのだが、男は迷いでもあるのか一向に動こうとしなかった。

こういう場合は、たとえ恫喝めいた説得であっても、最終的に憑依しているものを剝がすしかないと金田住職は言う。

「彼女に憑いた人は、生きているか死んでるのか、わからない状態です。宙ぶらりんなんですね。いわゆる浮かばれない人たちです。だから、彼女の口を借りて、自分の苦しい状態を訴えてくるわけです。でも彼女にすれば、そうやって体に入っているととても苦しいし普通の生活に戻れない。だから何とかしてほしいのですから、あの手この手で儀式をやったり、そこはあなたのいる場所じゃないと説得をしたり、無理矢理にでも外に出すのが私の役目なんです」

住職は仕方なく、高村さんを引きずるようにして本堂へ連れて行った。

「光をさがしなさい」「光の世界へ行きなさい」と言うが、男はなおも「光なんか見えねえ」などと駄々をこねるように言った。すると住職は思わず言葉を荒らげる。

「あなただって娘のために一生懸命だったんだろう。この子だって、あなたがそこにいたら死ぬかもしれないんだぞ。だからおとなしくしなさい。おとなしく光の世界へ行って娘さんをさがしなさい」

ようやくご本尊の前に座らせたが、なおも金田住職を疑っているのか、「お前にできるのか」とうめくようにつぶやく。

住職は「できる、任せておけ！」と言い切って経を唱え始めた。太鼓を叩いて経を読むが、なおも男は「うっ！」「うぉ〜」と苦しそうに悶えた。読経の間も、憑依している男が苦しさを訴えると、経を中断して語りかけた。やがて、うめき声の間隔が延び、そして静かになっていった。

最後に洒水をすると、高村さんは我に返り、茫然と宙を見つめた。すでに時計は午前1時を過ぎていた。


「彼女の体から出した霊がどこへ行ったかわかるんですか？」と金田住職に尋ねた。

「光の世界へ行けと言ったのだから光の世界へ行ったはずです。とりあえず物語として行ったということです。残念ながら私には見えません」と金田住職。

「自分が死んでいることは理解していないわけですね」

「ほとんどしていません」

「高村さんの体から出て光の世界へ行く時は理解しているんですか？」

「納得したからだと思っています。こんな言い方をしたことがあります。大きな命の源に還っていく。それが光なのだから、光を目指しなさい。そうすると納得するんですね。どう納得したかはわかりません。でも、ストーリーとしてつながるわけです」

「極めて人間くさいですね」

「光の世界に行ったら、そこに娘さんがいるかもしれない。光の世界から眺めたら、娘さんがどこにいるかわかるかもしれない。そんなことも言いました。だから、海の底にいるより、そちらに行きなさいと。そう説得をするのですが、やっぱり手こずります。最後は『あなただって親だろう！』で、黙ったんです。わかったということですね」

「見たこともない光の世界に行って、簡単に子供をさがせるのでしょうか？」

「合理的に考えればそうです。でもこれは合理的な話ではありません。辻褄《つじつま》が合わないと思っても、とりあえず高村さんの体から出せばいいんです。合理的であろうと不合理であろうと、高村さんを解放してあげたいというのが第一義であって、結果的にそれで落ち着くなら、私としてはそれで全て良しとなります」

「出したのはいいが、また憑依することはないのですか？」

「それはないです。1回出たら絶対に入ってきません。憑いた人のことは過去帳に書いて本堂に置いています。そんなことをして何になるの、と言われたらそれまでですが、ストーリー的には光の世界という御仏《みほとけ》の世界に行ったのだから、毎日拝んでいれば大丈夫というのが最後の一押しでしょうね」と笑った。

死者との会話がわれわれの日常生活の延長線上にあるみたいで興味深い。「あの世」は「この世」の写し絵なのかもしれないと思い、僕もつられて笑った。

不思議な物語だ。この物語では3つの時空が語られている。大震災直後のワカナの父親。地震からしばらく経って海底に沈む父親。震災から1年経って、その霊に憑依されている高村さんの3つである。まるで観念の世界にいるようだ。ふとそんなことをこぼすと、金田住職はこう言った。

「時空がねじ曲がっているのかもしれませんね。でも、人間の心ってそういうものじゃないですか。過去にも行けるし未来にも行ける。今という時間はないし、時間と存在って独立してあるもんじゃなく、不可分のものです。この物語というか、彼女の物語には、複雑で重層的な絡みがあるんだと思います。それを、今という時に戻してあげるのが私の使命かもしれませんね」

憑依が解けたあと、高村英さんは「わたし、やっぱり精神病ですか？」と尋ねたという。多重人格ではないかとずっと悩んでいたからだが、金田住職は「そうじゃない。繊細な感性を持った1人の人間ですよ」と答えた。それは方便でもなんでもなく、そう思う以外になかったからだろう。そのひと言で、高村さんは安堵したようだった。

弟の手を離した少女の後悔

小学生の少女の溺死体験

除霊の儀式は夜だけではないらしく、この日の高村さんは昼下がりの明るい時間帯に通大寺へやってきた。

土曜日ということもあって、何か打ち合わせでもした後なのだろうか。それとも、金田住職にとっても高村さんのような憑依は初めての体験だったから、仲間にこの事実を伝えたいと思ったのだろうか。金田住職と親しい僧侶たち数名に、大学教授や精神科の医師なども除霊の儀式に立ち会うことになっていた。

通大寺の応接間で金田住職と向き合った高村さんは、「今度は小学生で、9歳か10歳くらいの女の子です」と、わかっている限りの情報を伝えた。

「女の子はギャン泣き（赤ちゃんが泣き叫ぶ様子）ですね……」

高村さんが言った。

いつもと様子が違うのを感じたのだろうか、金田住職は彼女にやさしく声をかけた。

「子供はかわいそうだなぁ……」

住職が高村さんからひと通り聴き終わると、親しい僧侶たちも一緒に本堂へと向かった。いつものことだが、本堂に入る時は緊張するという。高村さんは本堂を「仏のフィールド」と言ったが、別次元の世界に入っていく感覚なのだそうだ。

「英ちゃん、やれっか？」

「はい、やれます」

それは高村さんの体に憑依させる合図にもなる。そのひと言で、高村さんの魂が体の外に放り出され、そこへ入れ替わるようにして女の子の魂が入ってきた。そして、今回も溺死体験から始まったのである。

溺死体験をする時、高村さんは実際に自分が溺死するかのようにのたうち回って苦しむ。だから、それを見ている金田住職らにすれば、本当に死ぬのではないかと気が気でなかったという。何とかしようと思わず手を差し伸べるのだが、高村さんに憑依した女の子はぴしゃりとその手をはねのけるのだった。

なすすべもなく見守るしかなかったが、やがて高村さんの体が落ち着き始めた。見守る人たちもほっとした瞬間、今度はいきなり大声で泣きだした。それも、少女の甲高い声で本堂の外にまで響くような音量だった。

泣き声が次第におさまってきたかと思うと、今度は「お母さ〜ん！」と、迷子になった子が母親をさがすような涙声で叫び始める。住職が慌てて少女（高村さん）の手を取ったが、「お母さんじゃなきゃ嫌だ！」と、拒絶するように振り切り、再び「お母さ〜ん！　お母さ〜ん！」と泣き叫んだ。

「お母さんとはぐれちゃったの？」

住職が声をかけるが、泣きじゃくるばかりだった。

「お母さんじゃなきゃ嫌だ、嫌だ！　お母さんは、わたしを迎えに来るって言ってたもん。お母さ〜ん！」

母親役を演じる住職夫人

住職らの目には高村さんが泣いている姿が映るが、高村さんが見る映像はそうではなかった。泣いている少女の服は破れ、両脚は血にまみれ、靴が片方だけなかった。足の裏は泥と血で赤黒くなっており、何かに引っ掻《か》かれたのか、少女の顔にはざっくりと抉《えぐ》られたような深い傷があった。高村さんは思わず涙が溢れてきたという。それでも手を差し伸べられず、ただ少女を見ているしかなかった。

声が出せない高村さんは、「この女の子の周りにはたくさんの大人がいるのに、誰も何もしてくれない。どうして？　お願いだから、この子に手を差し伸べてあげてよ」と叫びたくてたまらなかった。

そんな願いが通じたのか、金田住職といっしょに見守っていた住職夫人が、たまらず彼女のそばにやってきて、「どうしたの？　お母さんだよ」と、両手で包むように女の子の手を取るとやさしく撫でた。しかし――。

「実際はすぐに奥さんが駆けつけてくれたんですが、あの時のわたしには時間の感覚とか概念とかがなかったものですから、永遠のように感じました。それまでの時間の長かったこと。待っても待っても来てくれなくて、なんで大人はこんなに情けないんだろうと思うと、もうわたしの体をあげちゃおうかなと思いました」

これまで金田住職がメインで夫人はサポート役だったが、場合によっては夫人もメインで向き合う必要があることがわかってきた。これ以降、子供の霊が憑依した時は、住職夫人がお母さん役を果たすことになるのだが、これはその最初のケースだった。

「ワカナの父」が憑依した時にも、高村さんが同じように「わたしの体をあげたい」と言っていたのを思い出した。

「高村さんが体をあげたら、憑依した霊はずっとそこにいられるんですか？」

「う～ん、たぶん無理でしょうね。魂がわたしの体に定着するかどうかは、昔の心臓移植みたいなもので運次第なんです」

「では、うまく定着する人もいるわけですね？」

「います」

「そうなったらどうなるんですか？」

「元の肉体の魂はそばにいますから、多重人格とか診断される方もいます。もちろん多重人格はそういう方ばかりではないのですが、たまにそういう方とすれ違うとドキッとします。わたしも病院に行けば、境界型パーソナリティー障害とかなんとか診断名がついただろうし、おそらく入院でしょうね。だから自分は病気じゃないかと悩んできたし、表に出ることにもかなり抵抗があったんです」

津波に呑まれた姉と弟の不運

女の子がその手にしがみつくのを見て、高村さんは胸をなで下ろした。

「わぁぁぁ〜、お母さん〜！」

「怖かったね。どうしたの」とお母さん役の住職夫人がやさしく声をかける。

「お母さん、どうして、どうして来なかったの？」

女の子の目からは涙が溢れ、しゃくるように言った。

「ごめんね、ごめんね。お母さん、迎えに行けなくてごめんね」

「わぁ〜、怖かったのに！　待ってたのに」

叫ぶように声を上げて泣いた。

「ごめんね、お母さんが悪かったね。もう怖くないからね」

住職夫人がそう言うと、女の子はいきなり「ヨッちゃんの、ヨッちゃんの手を……、わぁ、ごめんなさい！」と母に取りすがって何度も何度も謝った。

いきなり女の子が謝罪を始め、そのうえ「ヨッちゃん」という名が飛び出してきて、最初は見守る人たちも怪訝そうにしていたが、対話が進むにつれて涙でいっぱいになり、号泣している人もいた。住職も様子を見ながら女の子の話に合わせていた。

「ヨッちゃんの手、離したの！　ごめんなさい、わぁ〜〜」と、女の子は取り乱したように言った。「お母さんに手を離すなって言われてたのに、ヨッちゃんの手を離しちゃった！　ごめんなさい。お母さん、怒ってるよね、怒ってるよね！」

住職夫人が「怒ってないよ。手を離しちゃったんだね。でも、怒ってないよ」とやさしく声をかけたが、女の子はただひたすら「ごめんなさい、ごめんなさい」と謝り続けた。そしていきなり「怖い、水が来る〜！」と叫んだのだ。

その時、女の子の記憶が弟の手を離した瞬間に戻ったのだろう。シンクロするようにその映像を高村さんも見ることになった。

場所は不明だが、学校のようだったと言う。弟は小学校1年生で、その年の春には2年生になる予定だった。姉の女の子は3つか4つ上だから、小学校4、5年生だろう。女の子はキッズ携帯を持っていたようだと言う。

このあたりは高村さんの記憶がはっきりしないのだが、3月11日の午後2時46分に大きく揺れた後、心配した母親から女の子の携帯に連絡が入ったようだ。「弟の手を離しちゃ駄目よ。迎えに行くから待ってて」と言われたような気がするという。普段から弟と手をつないで登下校していたから、女の子もそうすることは当然と思ったのだろう。

児童たちは、大きな揺れが収まると、避難のために教室を出て、運動場に集まったようだ。そこで弟を見つけた女の子は、弟と固く手をつないで母が迎えに来るのを待つつもりだったのだろう。ところが母親は来なかった。

これと同じことは、東日本大震災で実際によくあった。

たとえば、わが子に迎えに行くと伝えたのに、行こうとしたら途中の橋が崩落して通れず、あるいは道路が陥没して渋滞し、学校にたどり着けなかったといったことは枚挙にいとまがない。おそらくこの女の子の母親も、何らかの理由で行けなかったのだろう。

しばらく運動場で待機していたが、やがて津波が来るという情報が入ったらしく、子供たちは先生の誘導で学校の外へ急いで逃げたようだ。高村さんは言う。

「手を離しちゃ駄目だよと言われていたから、女の子は逃げる時に、弟の手を引いて一緒に逃げたんです。見えたのは林の中でした。2人は坂になった林の中を駆け上がるようにして逃げたのですが、ハッと気がつくとうしろから黒い塊のようなものが追っかけてきていました。必死で逃げているから、女の子にはまだそれが何かわかりません。

逃げる背中から、恐ろしい声が聞こえてきました。誰かの名前を必死に呼んでいる声、津波に呑み込まれる時の断末魔、バリバリバリと津波で樹木が倒される音……。流されたのか、助けを求めて叫ぶ声も聞こえてきます。阿鼻叫喚《あびきょうかん》の地獄でした。気になってうしろを振り向こうとするのですが、どこかから『うしろを振り返るな！　前だけ見て走れ』という男の声が聞こえました。

でもすぐさま、『うわぁぁ！』と叫ぶ声。次々と津波に呑み込まれているのでしょう。女の子の心臓はバクバク打っていますが、歯を食いしばってうしろを振り返らないように、弟の手をつないだままひたすら前を向いて走っていました」

まだ小学1年生では、姉と一緒に走るだけでも大変なのに、津波に追われながら坂を駆け上がるのは体力的にも限界だったに違いない。弟は息が上がり、「もう走れない」と言った。疲労困憊《こんぱい》で足がもつれて走れなくなったのだ。

息も上がってふらついていたから、何かにつまずいたのだろう。転んだ拍子に弟は姉の手を離してしまった。

女の子はそのまま走り抜けて一旦立ち止まったが、うしろを振り返ると、弟が津波に呑み込まれる直前だった。思わず「あっ！」と声を上げた。恐怖心で目を塞いだが、足が反射的に前に向かっていた。

「お姉ちゃん！　助けて、行かないで！」

弟は声を張り上げて叫んだが、姉は、自分も黒い塊に呑まれる恐ろしさで、弟を置いたままひたすら逃げ続けた。弟を見殺しにしたことが、女の子にはあまりにもつらすぎたのだろう。無言で泣きながら走っていたという。

「女の子は恐怖でいっぱいで何が起きてるかわかりません。だから、とにかく無我夢中で走っていました。でも、とうとう黒い水に追いつかれたのです。その瞬間、『怖い、水が来る！』と叫びながら、津波に呑まれていきました。

女の子は、黒い何かに追いかけられていると思って逃げていましたが、それが何かはわかっていませんでした。呑み込まれる瞬間に、黒いものの正体が海水だとわかったようです。助けを求めた弟を見殺しにした罪悪感と、それでも逃げきれなくて黒い水に呑まれる恐怖で、小さな女の子の心が潰れていくのを感じました。女の子は溺死し、シンクロしているわたしも同じように溺死体験をしたのです」

女の子は納得したか

「大丈夫、もう水は来ないからね。大丈夫だよ」と住職夫人は言った。

「ごめんなさい、ごめんなさい」

過去から現在に戻ったのだろう。お母さんと思っている住職夫人に、女の子は何度も何度も謝っていた。住職夫人が両手で女の子を包むようにすると、

「お母さん、怒ってないよ。一緒に行こう、光のあるところに行こう？　お花がたくさんあるよ」と言うと、ようやく安堵したようだ。

「本当？　怒ってない？　本当に？」と、なおも確かめるように言った。

弟の手を離したという罪悪感が、小さな女の子の胸の中から溢れそうだった。

この後、女の子と金田住職、そして住職夫人の3者のやりとりがしばらく続いた。

「奥さんが、怒ってないよ、大丈夫だから一緒に行こう、と何度も言ってくれたので、女の子も最後は納得したのだと思いますね。ワカナちゃんのお父さんのように諦めたのではなく、彼女の場合は納得でした」と高村さんは言った。

それにしても女の子がいるのに、手を離して亡くなった弟はどうしてこの場にいないのだろうか。僕は高村さんに尋ねた。

「弟は映像としてしかあらわれなくて、女の子と一緒じゃなかったですね。わたしといた

のは女の子だけでした。だから、弟がどうなっているかはちょっと……」

納得したとはいえ、女の子は相変わらず「怒ってない？」と確認していた。不安なのか、しくしく泣きながら、いつまでも母親役の住職夫人の手を離さなかった。

「お母さん、絶対に離さないでね」

「離さないから大丈夫だよ」

そんなやりとりをしながら、死者が行くべき光の世界の入り口までやってきた。

いつもなら目印となる光を見つけるのに難儀するのだが、この日はやすやすと見つかったのにはちょっと驚いたと高村さんは言う。その入り口で、高村さんは光の世界に向けてそっと女の子の背中を押すと、急いで自分の体に戻った。

◈

金田住職の視点

「ワカナのお父さん」を除霊してから2週間ほど経ったある日だった。ふたたび高村英さんがやってきたのだが、今度は子供の声が聞こえるといって泣きそうな顔をしていた。

「お母さん、お母さん〜」

通大寺にたどり着いた時は、すでに霊は半分、彼女の体に入っていたらしい。

「お母さん、ここにいるから大丈夫だよ」

それまで住職のそばにいた夫人が、お母さん役として初めて声をかけた。

「ごめんなさい、ごめんなさい！」

「どうしたの？」

「ごめんなさい、ヨッちゃんの手を離してしまったの。お母さん、ほんとにごめんなさい。怒らない？　ねえ、怒らない？」

「怒らないよ」と住職夫人が安心させると、金田住職はどういう状況で亡くなったのかを、できるだけやさしく、ゆっくりと尋ねた。

「真っ黒い波が来てね。『お姉ちゃんだから、弟のことを守ってあげないといけないんだよ』って、いつもお母さんに言われてて。だから、そうしようと思ったの。でもわたし、つい手を離してしまって、気がついたらヨッちゃんがいなくなったの」

地震の後、津波が来るというので、弟の手を握って逃げたが、津波が近づいてくるのを見て、恐怖のあまり思わず手を離してしまったようだ。その直後だった。弟のヨッちゃんもろとも、あっという間に津波に呑み込まれてしまった。

「大丈夫だよ。お母さん怒ってないからね」

高村さんの手をしっかり握りながら住職夫人が声をかけると、金田住職も子供をあやすように言った。

「ほら、お母さんが一緒だから大丈夫だよ。お母さんは怒らないからね。今から光の国へ一緒に行こうね」

手を握ってもらいながら、しばらく泣いていたが、住職夫人が「光の輪をくぐろうね」と何度もやさしく声をかけると泣き声も次第に小さくなっていった。

「ほら、大丈夫よ。お母さん、ここにいるでしょ」

読経の途中もそんなやりとりが続いたが、しばらくすると女の子は、

「お母さん、わたし、もう大丈夫、1人で行けるから」

はっきりとそう言った。そして、握っていた夫人の手を離して去っていった。

夫人の手を見ると、真っ赤に腫《は》れあがっていた。

読経する人が多いほど光がよく見える

意識が戻ると、高村さんは憑依されていた間の体験を金田住職らに説明した。それを聞いた人たちは、きっと石巻の大川小学校の子供ではないかと口々に言い合った。

実際に学校のそばにあった小さな山を駆け上がろうとして、津波に流されていった子供たちが幾人かいたはずだ。そう言えなくもなかったが、高村さんにはどこの学校だったか特定できるだけの情報はなく、ただ「わかりません」と言うしかなかった。

それよりも、高村さんは、「溺死する時の恐怖と絶望感に加え、子供を殺したという罪悪感に耐えられない」と打ちのめされていたという。

それにしても僕にはよくわからない。「死ぬってなんだろう」と首をかしげる5歳の男の子の霊を送った時もそうだった。霊を成仏させることになぜ罪悪感を覚えるのだろう。死者のいるべき世界に送るのだから手を合わせて見送ってあげればいいのではないか。

靄《もや》がかかったような意識がはっきりしてくると、高村さんは除霊の儀式に同席していたお坊さんたちを見渡した。その時、腑に落ちたことがあった。

いつもなら金田住職に「光をさがせ」と言われても、その光がなかなか見つからなかったのに、今回は意外にあっさりと見つかった理由がわかったような気がしたのだ。この日は金田住職だけでなく、付き添っていたお坊さんたちも一緒に読経してくれていたのだ。読経するお坊さんの数が多いほど、そして光の世界へ送ってあげたいという思いが多いほど、光が見えやすいのではないだろうか、そう思いながら自分でうなずいていた。

気がつくと、住職夫人の手が腫れあがっていて、高村さんの手も血まみれになっていた。爪が皮膚に食い込んだ痕《あと》が、儀式のすさまじさを物語っていた。

実はこの時、高村さんに憑いていたのは女の子だけではなかった。他に、家族を津波で喪《うしな》ったショックで自殺した50代の男性、お腹に赤ちゃんがいて、走ったら流産するかもしれないと思い逃げ遅れて亡くなった女性、そして犬が1匹憑いていたのだ。まとめて出そうという計画だったが、女の子の除霊があまりにも衝撃的だったのか、その場にいたお坊さんたちもそんな余力がないほど疲れきっていた。

「英ちゃん、頼むから今日はここまでにしてくれないか」

金田住職にそう言われ、この日の儀式はここで終了することになる。

津波で家族を喪ったことに耐えられなかった男性の霊

疲労は極限に

「弟の手を離した女の子」と一緒に他の霊も除霊する予定が、この女の子を光の世界に送っただけで除霊する側が困憊してしまい、それ以上はできなかったと述べたが、翌日の日曜日に、再び通大寺にやって来ると、残した50代の男性、妊婦、そして犬1匹の霊3体(位ともいうらしい)を除霊することになった。

かつて金田住職から話を聞いた時、除霊の儀式は1ヵ月に1回程度の割合で行っているように思ったのだが、どうもこの時期は1週間に1回どころか、2回、3回とやることもあったようだ。1回の儀式ですら「あの時は死ぬ思いだった」と金田住職が語っていたほどだから、2回も3回もとなると相当の体力や精神力が失われたはずである。「修行ができていないと無理です」と言ったのは無理からぬことだった。金田住職は、体力的にも限界に近づいていたのではないだろうか。

一方の高村さんも「あの頃の自分は生きているのか死んでいるのか、不透明なことが多かった」と言うので、僕が「不透明？」とつぶやくと、「日中、1人でいる時など、『わたし、今死んでた？』みたいに、臨死体験のようなことがあった気がする。でも、それさえも記憶があいまいなほど、肉体に魂が定着していませんでした」と語っている。彼女も疲労が極限に近づいていたのだろう。

語られざる「震災の真実」

数日前から、高村さんは犬の霊と暮らしていたそうで、ドッグフードの匂いを嗅ぐと食べたい衝動を抑えきれないのが恐ろしく、この日は「犬になるのだけは嫌だな」と思いながら通大寺にやってきたそうである。

応接間に通されると、前日と同じように金田住職と親しい僧侶ら数名が待っていた。

応接間で傾聴が始まった。

金田住職の服装はまだ普段着だった。

最初に応接間で憑依した人の情報を聴き取り、その後で本堂に移り、そこで完全に憑依させて除霊（浄霊）の儀式を執り行うという流れはこの頃から出来上がりつつあった。

応接間で金田住職からいろいろと問われ、それに答えるために彼女は憑いた霊を「霊視」するのだという。いわば身上調査のようなものだ。

僕には「霊視」というのがどういうものかわからないが、高村さんはこんなことを言っていた。

「普段、わたしが他の人に対して行っている霊視は『あなたのそばに男性の霊がいて、どこそこに行った時に連れてきたのでしょう』といったように、それほど詳しくなくてもいいので深く考えてやるわけではないのです。でも、通大寺の応接間でやるのは違います。住職さんが状況を把握しやすいように、彼らの亡くなった経緯やどうしてこの世に未練があるのかなど、深く正確に把握するための霊視なのでとても体力を使いました。

とくに消耗が激しかったのは名前を霊視することでした。住職さんたちの儀式は『亡くなった方たちに死を受け入れてもらい、その苦痛から解放され、光の世界（死後の世界）に行ってもらう』ためなので、どんな人物なのかをきちんと把握する必要があったんです」

自分に憑いた霊について、応接間で金田住職に説明しているうちに、高村さんは次第に憑依状態になったようで、朦朧とし始めた。その時「男性が、わたしの体を奪おうと（憑依しようと）うるさくて仕方がなかった」という。

なんとか自分の足で歩けるうちにと、両脇を支えてもらいながら本堂に向かうが、本堂の敷居をまたいだ瞬間、失神したように頭から畳にくずおれた。

そこへ、袈裟に着替えた金田住職が急ぎ足で本堂へやってきたのだが、その時にはすでに完全に憑依されていたという。

首吊り自殺した50代男性の霊

いきなりあらわれたのは50代の男性だった。というより、高村さんの声がいきなり中年男性になったかと思うと、彼女が両手で首を引っ掻くように荒々しくもがき始めたのだ。

「ヒィ〜、ヒィ〜、ヒィ〜」

音を立ててその場に倒れた。まるで断末魔のような声だった。

やがて、何かを吐き出すような仕種《しぐさ》をしたかと思えば、呼吸が荒くなり、全身をバタつかせてのたうち回ると、苦しそうに顔をゆがめた。

住職と一緒にその場にいた人たちは、事前に首吊り自殺した男性と聞いていたので驚きはしなかったが、ただ見守るしかないのが歯がゆそうだった。

これを高村さんの視点で描くと、彼女が足で何かを蹴飛ばしたと同時に一瞬の浮遊感があったのだが、何が起きているかわからないうちに、いきなり首に強い衝撃があった。

「首が折れる！」

息ができないだけでなく、首の骨に衝撃があり、それが脳や頭蓋骨へまるで電気ショックを受けたように強烈に響いた。手で首元を触ったが、何か硬いものに触れたものの、それが何かはわからなかった。口からも目からも耳からも、尿道や肛門からも、穴という穴から何か液体のようなものが出てきそうだった。

とっさに自分の首に手を回して「助けて！」と叫ぼうとしたが、ひと言も口から出ず、顔だけが燃えるように熱かったそうだ。

首が引きちぎられるような衝撃で意識が遠ざかっていったが、「何とも言えない不快感でフェードアウトしていきました。自分が死んでいるのか、生きているのかわからないような感覚を、ゆっくり体感している気分」だった。時間にすれば数分のことだったかもしれないが、永遠のように長く感じたという。

ガクンと衝撃が来たかと思うと、手も足も下に垂れた。やがて、全身の力が吸い取られていく感覚が続き、そのまま目の前が真っ暗になった。


「どうした、大丈夫か！」

金田住職は高村さんの肩を揺さぶったが、高村さんは動かなくなった。

「すぐ楽になるからね」と住職夫人は高村さんに声をかけた。

この後はいつもと同じで、彼女が意識を失うと魂が体から放り出され、そこへ憑いた霊が入り込んで体を乗っ取るという流れだった。

突然、高村さんが野太い声に変わって怒鳴り始めた。

「嘘つくんじゃねえ！　楽になれるわけないだろ」

住職はといえば、それには動じず、男の名前を尋ねるが、男はそれを無視して「ここはどこだ？」と言った。

「通大寺だ」と住職が答えると、男は畳みかけるように尋ねる。

「娘のサクラとランはどこなんだ？」

「娘がどうしたんだって？」と、金田住職はあえて男に尋ねた。

「ん？　お前は誰だ？」

「この寺の住職だよ」

「なんで俺が寺にいるんだよ」

「寺はあなたの娘さんがいる場所だよ」

男はしばらく考えていた。

男は娘2人と妻を津波で亡くしていた。自分も津波に呑まれたのだが、かろうじて助かったようだ。そのことを思い出したのだろうか、男は最初の勢いとは打って変わり、言葉にするのも苦しそうに悶えたかと思うと、泣きながら語り始めた。

亡くなった男の告白

「俺が、俺が殺したんだ……。娘2人を、目の前で亡くした。あんなにお父さんって呼んでいたのに、目の前で、目の前で流されていったんだ……」

鳴咽がこみ上げてきて声にならない。

「迎えに行ったんだ。間に合ったんだよ。だけど、だけど、車ごと呑まれて……。車から出してやったのに、流されたんだ！」

「学校へ迎えに行ったのか？」

「そうだ。まだ小学校と中学校に上がったばっかりだったのに……」

高村さんは、いや、男は手を握りしめて畳を何度も叩いた。

重いその音が、本堂中に響きわたった。


この時までに、高村さんが得ていた情報はそれほど多くない。子供は中学1年生と小学1年生の娘2人で、この年の4月に揃って2年生になる予定だったこと。男性の年齢にしては子供が小さかったのは、結婚が遅かったのか、あるいは出産が遅くなったのか。いずれにしても男は2人の娘を溺愛していた。

男も妻も初婚だったが、妻の年齢はわからない。地震のあった時は買い物でもしていたのか、妻は別のところで被災して津波に流されたようだ——。一家4人のうち3人が流され、生き残ったのは父親1人だったのだ。

男はびしょ濡れだった。スーツを着ていて、一見してビジネスマン風だった。男はワカナの父親のように怒鳴り散らすタイプではなかった。比較的冷静だったのだが、その一方で、娘を死なせてしまったという罪悪感を重しのように抱えていた。

スーツ姿でびしょ濡れだったから、高村さんにはとても自殺者とは思えなかったが、男の方を見ると、彼が自殺した時を思い出したのか、その映像が見えたという。

洒落た家で、居間は高い天井に古民家風の梁が見える今風のデザインだった。天井からビニールのロープが垂れていた。その下にはダイニングテーブルの椅子らしきものが転がっていた――。これを見た時はこの光景を不思議にも思わなかったそうだが、今考えると、「あれは誰の映像だったのだろう」と彼女は首をかしげる。

椅子が転がっているのは、首を吊るのに蹴飛ばしたからだろうが、まるでそれを第三者が見ているような映像だったのだ。彼女は自殺した男の魂と同期しているのだから、過去を思い出している男の目線になるはずなのに、どうしてこんな映像を見たのか。死んだのだから首吊りに失敗したとは考えられず、高村さんにもよくわからなかった。

高村さんが見ている映像が再び変わって現在に戻った。

男はうずくまったまま、金田住職の前で鳴咽していた。

「娘はお父さんって呼んでたのに……」と、絞り出すように繰り返す。

目の前で娘を流された絶望

東日本大震災の被災地で起こった「不思議な体験」を取材していた時だったが、病院に勤務していた女性は、両親と子供、それに夫の4人を津波でいっぺんに喪い、自分1人だけが生き残った。未来への希望を断たれた彼女は、震災から3年間、いつ自殺してもおかしくなかったという。自殺しなかったのは、亡くなった子供が夢の中にあらわれ、いろいろと語りかけてくれたからだそうだ。

40代のこんな女性もいた。夫と娘と息子、それに同居していた母親の4人を津波で喪って1人遺された彼女は、悲しみのあまり、体は瘦せこけ、頰は落ち込み、まるで生きた亡霊のようだった。それがある日、仮設住宅に置いた簡易仏壇に手を合わせると、夢か現実かわからない世界に迷い込み、ふっと気がつくと隣に夫が座っていた。夫の手が彼女の肩に触れる。彼女はその手を引き寄せて頰に重ねた。温かい感触がリアルに伝わってきて、まるで夫が「この世」に蘇《よみがえ》ったかのようだったという。

亡くなった子供たちまで彼女の背中に負ぶさるように体をくっつける。実体のある重みが伝わってきた。このままずっと続いてほしいと願ったが、いつの間にか3人は消えていた。あれは彼女の夢だったのか、それとも「この世」にあらわれた霊だったのかはわからない。お盆が来るたびに夫と子供たちがあらわれたという。

これは、ある人物から間接的に聞いたもので正確かどうかはわからない。本人から話を聞くことができなかったからだ。断られたのである。理由は不明だが、彼女の親族から間接的に、「しゃべってしまうと自分を支えきれないから」と言われたことがある。きっと、そうなのだろう。この50代の男と同じで、家族全員を喪って自分1人が生き残るというのは、死ぬよりもつらいことなのに違いない。

「家族を全員亡くしたショックで自殺したのですか？」と僕は高村さんに尋ねた。彼女は、2人の娘が津波に呑み込まれた時の映像が見えたという。

「地震があった時、男性は2人の娘を迎えに行って間に合ったんです。娘2人を後部座席に乗せると、急いで車を走らせて逃げたのですが、その途中で車ごと津波に流されました。渦に巻き込まれながらグルグルと回転する車から、男性は先に脱出しました。その車に摑まりながら、しばらく車と一緒に流されるのですが、何とか車の窓から娘2人を外に出しました。先に小学生の娘を助け出し、中学生の娘は自力で脱出したようです。娘2人を車から出したものの、津波で引き離されそうになり、男性はとっさに何かに摑まったようです。それが電柱だったのか漂流物だったのか、何に摑まったのかわたしにはわかりません。その間に娘2人は津波に流されていました。

流されながら娘たちは『おとうさ～ん』と叫んでいました。

男性は手を伸ばせませせん。自分も津波に呑まれそうで、摑まっているだけで精一杯だったのです。娘たちは沈んだり浮かんだりしながら、男性の目の前でどんどん遠ざかっていきます。それなのに、男性は娘の名前を呼べなかったのです。言葉もなかったと思います。きっと娘を助けられる状況ではなかったのでしょう。むしろ、あの状況で男性こそよく生還できたと思います」

目の前で最愛のわが娘が死んでいくのを見せられたのだ。

男性が助かった時の映像を見ることができなかったので、どうやって生還したのかわからないという。

男は金田住職の前でうなだれ、目を瞑《つむ》ったかと思うとカッと瞠目した。

「自分の子供が目の前で津波に呑み込まれた瞬間を見たことがあるか？」

男は少し落ち着いたのか、金田住職に尋ねた。

住職は少し沈黙した後、「ない」とはっきり言った。

「目の前で呑み込まれたんだ！　娘を、2人の娘を、目の前でな……」

東日本大震災で愛する人を津波で喪った人たちから霊体験を聞いていた時だった。高齢の母と一緒に屋上へ逃げたが、母は途中で力尽きて目の前で津波に流されていくのを見たという女性がいると聞いた。あの震災から2年ほど経って、夢かうつつか、亡くなった母が毎日のように枕元で語りかけるというのである。ぜひ話を聞かせてほしいと頼んだのだが、思い出すだけで体が震えると言われた。目の前で愛しい家族が死んでいくのを見なければならなかったつらさは、僕たちには想像できない痛みなのだろう。この男性の話を聞きながら、そんなことを思い出す。

「奥さんも亡くなったのか?」と金田住職は尋ねる。

「…………」

妻が亡くなったのは確かなのだが、その事情については、高村さんも知ることができなかったという。

「お葬式はしてもらったのか?」

男はしばらく黙っていたが、「揉めた……。俺はそんなの、どっちでもよかったんだ」、ポツリと言った。宗派の違いだろうか、複雑な事情があったようだ。

実際、新興宗教に入っていて、菩提寺《ぼだいじ》に断りもなしにその宗教で葬式をし、後で親戚との間でごたごたするケースをよく聞いた。その類《たぐ》いだったのかもしれない。

男は葬式の場面を思い浮かべたようだが、残念ながら、高村さんには映像が乱れてよく見えなかった。

娘たちのいる世界に行きたい

高村さんによれば、憑依された時に高村さんが体験する最初の現象は、亡くなったその霊が、現世でもっともつらかった体験から始まることが多いそうである。

たとえば、「ワカナの父親は、娘を迎えに行く途中で津波に呑まれた苦しさと、ついに娘を迎えに行けなかった悔しさが同時だったので、そこからスタートしました。自殺した男性の場合は、自殺のつらさもありますが、自殺した理由は奥さんや娘さんたちのいるところに行きたかったからなのに、そこへ行けないことに苦しんでいました。本人は自分の死を理解しています。単純に自分の娘たちと同じところに行きたいだけで、無念はあっても、生き返りたいという話ではないのです」と言った。

現世への未練ではなく、不運が重なって自死してしまった霊の悔しさ、つらさが、この世に怨念として残っているかのようだった。

「どうして会えないのですか?」と、僕は高村さんに尋ねた。

「死後の世界はいくつか道が分かれているのですが、この男性は、自殺したものだからあいまいな世界に行っちゃったんですね。本人はこんなところにいたくないと思っているんですが、娘さんたちが行ったのとは違う場所へ行ってしまったんです」

再び男は金田住職に語り始める。

「目の前で流されて、妻も知らないところで……」と嗚咽を重ねた。

「もう自分を責めるな。娘さんのところに行きたいのだろ？　娘さんたちと同じところに送ってやるから」

金田住職が慰めるように言うと、男はハッと気づいたように言った。

「本当か？　本当に娘たちと同じところに連れていってくれるのか？」

男は泣き出した。

「娘たちに会えるのか？」

「一緒にお経あげるから心配するな」

「娘に会いたくて、会いたくて……。あの苦しみから逃げたくて自殺したんだ」

「きっと苦しかっただろうなぁ」

「目の前で娘が流される方がもっと苦しかった……。娘が流されているのに、父親の俺は、俺は手を伸ばすこともできなかったんだ」

「でも、娘さんたちが見つかって良かったなぁ」

男はそれには答えず、黙っていた。

遺体が見つかった時の衝撃を思い出したのだろうか、高村さんは、「現実世界でも、震災後しばらく、『見つかっただけで幸せ』と言うのを何度も聞きました。家族が自分のところに戻ってくるだけでもありがたい、と。でも、遺体となって変わり果てた娘さんたちを見た時の絶望感もあったはずです。その時の絶望的な気持ちを考えると、わたしがいう絶望なんて、鉛筆1本よりも軽いように感じます」と、申し訳なさそうに言った。

男は次第におとなしくなっていった。

「娘たちと一緒のところに行きたい。娘に会いたい。会えるなら、娘に会えるなら、あなたの言うことは何でも聞くから……」

金田住職に懇願するように言うと、住職はうんうんとうなずいた。

「今からでも遅くはない。光に向かって手を伸ばしなさい。これからあなたのために私がお経を読む。心を込めて読むから、安心しなさい」

「もう二度と、二度と手を離さない」

男が小さな声で、しかし毅然と言った。

男がすすり泣く中、金田住職の読経が始まった。

津波から逃げ遅れた妊婦が伝えたかったこと

肉体の消耗が激しい溺死体験

高村さんに、震災の津波で亡くなった人たちの霊が憑依するのは、東日本大震災から1年3ヵ月ほど過ぎた頃からだ。最初にあらわれたのは、自分が死んでいるにもかかわらず、娘のワカナを学校へ迎えに行こうとする父親の霊だった。それを契機に、怒濤のように霊たちが押し寄せ、高村さんは毎週のように通大寺へやって来るようになった。

それと並行して疲労感も強くなっていた。

彼女に大きな負担となっていたのは溺死体験だという。そのせいで肉体の消耗が激しく、除霊の儀式が終わって帰ると高熱が続くこともあった。

ぐったりと仮死状態のようになって起き上がれないこともあり、それが1日や2日ではなく、1週間続くこともあったという。

実際に仮死状態だったのか、臨死体験のような夢を見ることがよくあったが、なぜかその夢には必ずお坊さんがあらわれたそうである。

毎回あらわれるのが、緋色《ひいろ》の袈裟を着た高齢のお坊さんだった。

「わからないんだ、わからないんだ」とぶつぶつ言いながら手を合わせていて、高村さんが「何がわからないの？」と声をかけると、「いや、思い出せないんだ。お経が思い出せないんだ」と言う。そこで彼女は「わたしも少しだったらお経を読めるから、一緒に読もうよ」と声をかけると、そのお坊さんがふんふんとうなずき、彼女と並んで読経するという、ただそれだけのストーリーである。

そのお坊さんの背後には亡くなった人たちがずらっと列をなしていた。それぞれ体がびしょ濡れだったので、津波で亡くなった方たちだろうと思ったが、これからこの人たちがわたしに憑依するんだと思い、ゾクッと身震いしたら目が覚めていたという。

家族にそのことを話すと、「黄泉比良坂《よもつひらさか》」みたいだねと言われた。黄泉比良坂というのは『古事記』の神話に出てくる黄泉《よみ》の国（あの世）と現世の境にある地のことだ。彼女は夢の中で、あの世の入り口を彷徨っていたということだろうか。

一方、除霊を続けている金田住職の表情にも疲労の色が濃くなっていた。

この時分は住職としての仕事以外に、仮設住宅を訪ねて震災の被災者から悩み相談を受ける傾聴ボランティア「カフェ・デ・モンク」を精力的に続けていたから、精も根も尽き果てたかのようにげんなりしていることがよくあった。

押し寄せる「震災の霊たち」

この日は「50代の男性」に続いて、「妊娠中の30代女性」と「被災地の犬」をまとめて除霊する予定だった。それにしても、まとめて除霊するなんて、除霊に関わっている人に尋ねても聞いたことがない。かなり異質なのだろう。

先述の、津波で娘2人と最愛の妻を喪って悲しみのあまり後追い自殺をした「50代の男性」で、高村さんは初めて首吊り自殺を追体験したが、その苦痛はトラウマになりそうなほど強烈だったという。首が引きちぎられそうになる苦しさはたとえようもなかったと、顔をゆがめて言った。

首への衝撃と激痛は一瞬のはずなのに、いつまでも続くように思え、息ができなくて顔が燃えるように熱くなるのを感じたそうだ。実際に体験したわけではないから、終わればすべて消えてしまうはずだが、その記憶は、現実の世界に戻った後もずっと残っていて、高村さんの生活を脅かしていた。

「英ちゃん、大丈夫か！」

「50代の男性」を光の世界に送った後、意識を取り戻した高村さんに金田住職が声をかけた。この頃になると、高村さんの体は除霊にだいぶ慣れてきたらしく、目覚めた後も、それほど時間を置かずに意識がはっきりするようになっていた。

「しばらく休むか？」

金田住職は言ったが、高村さんは小さくかぶりを振った。

「いえ、次は女の人でお願いします。この人は自分が死んだことをはっきり理解してないと思います」

「わかった」

この日はすぐさま「妊娠中の30代女性」の除霊の儀式に取りかかった。

この女性の輪郭について、高村さんは事前に金田住職にこんな説明をした。

「20代前半の若い時に、好きな男性に出会って結婚しました。2人がいた男性の実家は東北の農家で、彼はそこの長男でした。夫婦仲は良かったのですが、どうしても子供に恵まれず、親戚一同が集まる行事があったりすると、まだ子供ができないのか、孫ができないのかといった話をされたようで、つらい思いをしてきました。10年ほど不妊治療を続けたのですが、何度か流産が続いて諦めようとしていた時に子供ができたようです。これまでたびたび流産しているので心配だったのでしょう、もう大丈夫だとわかった時点で旦那さんに話すつもりでしたから、まだ自分の母親にしか妊娠を伝えていません。この日は母子健康手帳をもらって安心したのでしょう。この喜びをいよいよご主人に伝えようと、急いで家に戻る途中で、震災に見舞われたようです」

いきなり体を乗っ取られた

高村さんが目を瞑り、扉を開けるように女性の霊を体に入れると、いきなり海水を吐き出そうとして、えずきながらのたうち回った。高村さんは、いや30代の女性は、片手を宙に上げて何かを摑むような仕種をしながら叫ぶ。

「助けて！　溺れる！　息ができない〜」

呑んだ海水を吐き出すが、もちろん現実には何も吐き出してはいない。

高村さんもこの女性の名前がわからなかったようで、そばで見ていた金田住職は、とっさに彼女の名前を尋ねた。名前がないと読経の時に困るらしい。

「大丈夫か！　名前は何と言うんだ」

「名前？　わかんない。助けて！」

住職夫人が「大丈夫だからね。もう苦しくないからね」などと声をかけていると、女性は「水じゃない！　あぁぁぁ、真っ暗〜」と叫んだかと思うと、憑依が完了した。高村さんの体が完全に彼女に乗っ取られたのだ。

高村さんが女性と一緒に溺死を追体験することで魂が肉体から遊離し、入れ違いに女性の霊が高村さんの体を乗っ取るのだという。高村さんの意思とは関係なしに、憑依する霊が強引に彼女の肉体を奪うのだから、高村さんはこれを「レイプ」と表現する。

実際に死ぬわけではないが、憑依が完了するには、肉体の所有者である高村さんが「死ぬ」ことに意味があるのかもしれない。

霊が高村さんの体に入ると、すぐさま霊の記憶に同期したようで、溺死する前のシーンが飛び込んできた。目のはしに黒い水が押し寄せてくるのが見える。

「走れない、私は走れないの！」

女性は自分のお腹を両手で抱きしめながら、足をバタつかせるように走る動きをした。

「早く逃げないと。どうして走れないの？」と住職が尋ねた。

「お腹に赤ちゃんが、赤ちゃんがいるの……」

女性は嗚咽を漏らしながら言った。

「え？　妊娠してるの？」

「嬉しくて主人に伝えたくて……」

「あなたは今、どこにいるの？　周りに何が見える？」

住職は尋ねるが、女性は「わからない、わからない」と言うだけだった。

金田住職がこうした質問をするのは、死んだ女性の霊にこれまでの経緯を思い出させながら、「あなたは死んでいる」ことを理解させるためだ。

女性は、津波が迫ってくる中を、お腹を押さえながら必死に走っていた。見た目にはスマートな体で、とても妊娠しているとは思えなかった。それでもお腹をかばうようにして走るのは、これまで何回も流産を繰り返してきたからだと高村さんは言った。

「東北の田舎の長男に嫁《とつ》げば、子供を産まなくちゃいけないという義務感みたいなものができます。子供に恵まれなければ、親戚などから『まだ子供ができないのか』などとうるさく言われ、離婚も話題になったはずだから、彼女には切実だったと思う」

赤ちゃんを守りながら走るのだから、走っているとはいえないようなスピードだった。瞬《また》く間に息が上がる。苦しそうな女性の息遣いが高村さんの耳の中に満ちた。

女性は、何かの音に気づいてうしろを振り返った。すると、老人がまさに津波に呑まれようとしている瞬間だった。女性は「ひぃ！」と悲鳴を上げた。

「うしろにいたおじいちゃん、津波に呑まれた！　私は、私はもう走れない」

苦しそうに息を吐く音が聞こえてくる。自分も津波に呑まれるという恐怖感が高村さんにも伝わってきた。恐怖が彼女を必死に走らせた。

津波に足をすくわれて

「死ぬわけにはいかない！　タカちゃんに赤ちゃんのことを伝えないと！」

「タカちゃん？　タカちゃんは旦那さんか？」

住職は何度か尋ねたが、女性はそれには答えなかった。

妊娠したことを夫に伝えていなかったことが気がかりだったのだろう。津波に追いかけられながら、そんなことを煩悶《はんもん》していたようだ。

仙台市の南方、亘理《わたり》郡あたりの風景だろうか。女性は妊娠したことを、夫に一刻でも早く伝えようと、海岸線の道路を車で走っていた。ところが、途中で津波が来るとわかり、急いで逃げようとして迂回したが道路が渋滞していた。このままでは逃げられないと思ったらしく、車を捨てて走り出したのだ。

この時、高村さんは、夫の笑った顔が見えた。おそらく、妊娠を確信できるまで夫に黙っていたのは、この笑顔を見るためだったのかもしれないと高村さんは思う。

生きるか死ぬかというのに、なぜか女性はバッグを大事そうに抱えて走っていた。バッグの中には母子健康手帳や印鑑などが入っていて、最後の妊娠だと思うと捨てられなかったのかもしれない。

高村さんは「バッグなんか捨てなよ」と思ったが、本人にすれば、死ぬかもしれないというリアルな恐怖の前で冷静に考える余裕はないのだろうとも思った。

実際にあの津波では、わざわざ店に引き返して金庫から帳簿などをバッグに詰め込んでいたために逃げ遅れた人がたくさんいた。また、せっかく逃げようとしたのに、戸締まりをしていないことに気づいて自宅に戻ったところを津波に流された人もいた。人間は異常事態に見舞われると冷静な判断ができないのだろう。

女性は、おじいさんが津波に呑まれたのを見て、ようやくバッグが邪魔だと気がついたようだ。バッグを捨てたが、その瞬間、「指輪が！」と叫んだ。

女性は震災前にそれ以前より痩せていたのかもしれないと高村さんは言う。走りながらバッグを捨てた時、結婚指輪に引っ掛かったらしく、バッグと一緒に指輪も落ちてしまったのだ。女性はそれに気を取られると、足がもつれて走れなくなった。

ハッとうしろを振り返ったが、すでに彼女の足元には黒い水が迫っており、「あ！」と叫ぶ間もなく、瞬時に彼女を呑み込んでしまった。その時、「海水が押したり引いたりというより、まるで大きな手で鷲掴みされたように足をすくわれた」感覚だったと高村さんは言う。海水の冷たさが、高村さんにも一気に伝わってきた。

その瞬間、高村さんが「ああ！」と叫びそうになった。

女性の足が津波に絡め取られ、うしろに引っ張られる。彼女に同期している高村さんも同じように引っ張られた。

お腹に両手を当てていたので、思いっきり顔をコンクリートの地面に打ちつけたが、油断していた高村さんも、女性と一緒に顔から倒れた。鼻の骨が折れるような激痛が走ったが、最初に溺死した時の苦痛があまりにも強かったせいか、この時の痛みは一瞬のように思えたという。

「この時は2度溺死しました」と高村さんは言う。

「ん？　2度死ぬとはどういう意味ですか？」と僕は首をかしげた。

「わたしは自分の肉体を離れ、この女性はわたしの肉体を得て生き返った状態になっています。だから、女性の中では溺死は記憶の中の出来事でしかなく、この時点でもう過去のことになっているんですね。一方、わたしの魂は肉体を失いましたが、彼女の魂とリンクしているので、彼女が溺死を回想すると、その記憶に引っ張られてまた溺死の場面に飛んでしまうのです」

「超現実的な疑似体験？　よくわかりません」

彼女には現実と直結したリアルな世界として見えているのだろう。しかし、彼女の話を、かろうじて想像で映像化している僕には理解ができなかった。


話を戻すが、これは高村さんの魂が体験したことであって、現実世界にいる金田住職の前では何も起きていなかった。

「魂だけなのに痛みを感じるんですか？」と僕は素朴な疑問を投げかけた。

「女性の魂と連動しているので、痛みも伝わります。ただ、その時の感覚が、自殺の追体験の時と同じで後々まで残るんです。たとえば、わたし自身が津波に呑み込まれたわけではないのに、鼻や耳や口に砂や泥水が入り込んでじゃりじゃりした感覚が、現実世界に戻った後もしばらく残ります。日常生活ですごく苦労したのは、ご飯を食べたら泥臭くてまともに食べられなかったし、お茶も泥水を飲んでるみたいでした。今は慣れましたが、嗅覚や味覚、痛覚というのは、記憶よりも強烈に残るんだと思いました」

女性の霊の悔しさと無念さ

女性の回想から離れると、女性が金田住職の前で泣いているのが見えた。

「赤ちゃんのことはお母さんにしか言ってない。わたし、赤ちゃん、殺しちゃったの？」

金田住職に尋ねている。どういう意味なのだろう。

高村さんは、「殺しちゃったの？」という言葉には、「自分が死んだことで赤ちゃんも死んでしまったことはわかっているのですが、その悔しさとか無念さを聞いてほしいという気持ちがこういう言葉になったんだと思う」と言った。

嗚咽が寄せる波のようにこみ上げてくる。金田住職はじっと聞いていた。

「ここはどこなの？」

「ここはお寺だよ。わかるか？　私は通大寺の住職です」

「和尚さん？　和尚さんがなんでいるの？」

「あなたは亡くなっているんだよ。津波に呑まれたんだ」

沈黙が続いた後、突然、悲鳴のような声を上げた。

「死にたくない！　死ぬわけにはいかない。死なせたくない！」

自分の死も、赤ちゃんの死もわかっているのに納得できないのだろう。

「無理なんだよ」と住職はこんこんと諭す。

「助けて、赤ちゃんだけでも助けて！」

「たくさんの人が死んだんだ。あなただけじゃない」

そこへ住職夫人が手を差し伸べる。「あなたは赤ちゃんといつも一緒ですよ。これからもずっとずっと離れないわよ」と、やさしく声をかけた。やわらかい言葉だった。

「お母さん……」と、悲しそうな女性の声がこぼれた。

住職夫人は女性の手を握り、わが娘をいたわるかのように背中をさする。女性は死にたくない気持ちを諦めたわけではないが、かといって、生き続けることにこだわっているわけでもなかった。煩悶しながら、小さな子供がぐずるように泣いた。

「仏様の世界に行けば、そこから旦那さんも見えるよ。そこで、お腹の赤ちゃんと一緒に見守りなさい」

住職もやさしく声をかけたが、女性はそれに応えなかった。

「光をさがしなさい。あなたが救われる唯一の方法だから」

「光なんて見えない」

「あるから。ちゃんとさがしなさい」

女性が光をさがし始めたので、高村さんも一緒にさがした。

なんだか女性の行動からは不承不承という印象が伝わってきたので、「光をさがしなさいって言われて、この女性は納得したんですか」と僕は高村さんに尋ねた。

「わたしが知っている限り、自分の死を納得して受け入れたという人（霊）はほとんどいなかったと思います。おにぎりが食べたいと言った高校生や、戦争で下半身をなくした兵隊さんは死を受け入れていましたが、震災の霊はそうじゃなかったですね。がんで亡くなる方は、死ぬまでに死を受け入れるプロセスがあります。でも、彼らはいきなり津波に呑まれて死んだので、自分に何が起きたのかもわからないし、死んだらしいとわかっても、あまりにも突然で死を納得できないのだと思います」

これは生き残った遺族も同じだろう。愛する家族や恋人を津波にさらわれた遺族を訪ねると、遺骨を埋葬せずにいつまでも仏壇に置いていることがよくあった。それは、その死を納得できなかったからだ。

大切な人との死別は、それがどんな死であっても突然死だ。とりわけ津波は、死を覚悟する時間がなかっただけに強い悲しみを残し、いつまで経っても納得できない。死者の思いも同じということだろうか。

「死にたくない！」

「ぼんやりと光が見える。そっちに行ったらどうなるの？」

女性は住職に尋ねた。

「この苦しみから救われるんだよ」

「赤ちゃんを産んであげられない。タカちゃん、ずっと、楽しみに待ってたのに」

会話になっていないように思えるが、高村さんによれば、「たとえこの苦しみから救われたとしても、赤ちゃんを産めるわけではないことを、自分で自分に確認したかったのでしょう。この女性は最後まで、赤ちゃんを産んであげられるかどうかにしか関心がなかった」という。

「お腹の子と一緒に、タカちゃんの見えるところに行きなさいね」と住職夫人が言うと、住職は夫人の言葉を接ぐように「仏様のところへ行きなさい。そうすれば見えるから」と言った。しかし、女性は気がすすまないのか、「体が重い……」とつぶやく。すると住職夫人は嗚咽をこらえながら叱咤《しった》するように言った。

「あなたはお母さんなんでしょ！　しっかりして」

赤ちゃんを産んであげられなくても、あなたは立派なお母さんなのよ！　そう励まそうとしたのだろう。住職夫人の頬を伝う涙が止まらなかった。

住職から「赤ちゃんと一緒に頑張りなさい」と言われるが、それでも女性は「赤ちゃんを産みたい、生きたい、死にたくない」と苦しそうだ。

「赤ちゃんを死なせた……」

「タカちゃんに言えなかった……」


読経にまじってすすり泣く声が聞こえてくるが、高村さんは聞こえないふりをして、子供のように泣く女性の隣を歩きながら光の方へと向かった。

「産みたい、生きたい、死にたくない」

繰り返しつぶやく女性の言葉が耳に刺さる。

光の前に来ると、女性と赤ちゃんをその向こうへ押しやった。

その時、高村さんは「2人を殺したんだ」と思ったという。現世から見れば、すでに死んでいる人なのだから、やはり「殺す」という表現は理解できないが、彼女からすれば、霊は生きている「人」にしか見えないので「殺した」という実感が残るのだろう。

彼女はこんなことを言ったことがある。

「目の前にいるのは普通の人間の姿をしていて、火の玉じゃないんです。その人間が死にたくないって言ってるのに、あなたは死んでるんだから、死ななくちゃいけない、その体はあなたのものじゃない、と言わなくちゃいけない。この人たちは肉体を失った魂であって、肉体の死と魂の死はイコールではありません。それなのに、肉体が死んだ人に、今度は魂も死んでほしいと言わなくてはいけないんです」

僕が想像する霊（魂）と彼女が見ている霊は違うのだろうか。

でも、光の世界に送ることが、なぜ「殺す」ことになるのだろう。なぜ魂の死になるのだろうか。「光の世界に行くと自我など一切が消えて無垢な魂になる」からだというが、なぜそれが「殺す」ことになるのか、やはり理解できなかった。

「英ちゃん、起きなさい」

読経が終わり、住職が高村さんに声をかけた。しかし高村さんは顔をゆがめる。全身が痛く、重いらしく、ぐったりとして立ち上がれそうもなかった。

その時、住職が「2万人じゃない。そう、2万人じゃないんだ……」とつぶやくのが聞こえてきた。それも何度も、何度も……。

死者・行方不明者2万2000人余を出した東日本大震災。その数字にはもちろん、この女性のように妊娠していた人も大勢含まれているはずだ。しかし、お腹の赤ちゃんは2万2000人余の中には数えられていない。住職はそのことを言ったのだ。数えられなかった命もあったことを心にとどめてほしいと……。

餓死した犬は最期に何を見たのか？

「犬の霊」を、どうやって「除霊」するか

この日のラストは、犬の霊だ。

犬の記憶だから、詳しく知ることもできず、結果的に犬の物語はたいしたことがなかったのに、除霊の儀式に参加した人たちには「伝説の犬」として記憶されているそうである。それは、高村さんという当時20代の女性が、頑健な男たちを、まるでアクション映画を見ているかのように次々と吹っ飛ばしたからだ。

高村さんは、さすがに犬を憑依させることには強い抵抗があった。

「犬には、なりたくない……」

「やっぱり犬はしんどいか。じゃ、今日はやめよう」

しばらく逡巡したが、思い直したのか、「住職さんたちが平気なら続けたい」と、犬の霊を受け入れることにした。いずれ外に出さなければならないのなら、早く出して成仏させた方がいいと思ったようである。それに、この日は住職以外に4人の加勢があったの

で、安心感もあったのだろう。

「すごくお腹が減っているので、エサを用意してください」

金田住職はそれを聞いて飛び上がるほど驚いた。

「エサ？　ドッグフードか？」

「さすがにドッグフードを食べるつもりはないです。犬がわたしの体に入ったら、水かけご飯を丼か茶碗に入れて持ってきていただけますか？　犬の名前はチャタです。入ったら暴れると思いますので、遠慮せずにわたしを押さえつけてください」

言い終わった頃には、すでに高村さんは半分憑依状態になっていて、住職夫人は、「すぐ準備するわ」と台所へ駆けて行った。


犬は薄茶色のぶち模様の雑種で、庭で飼われていた。名前から、子犬の頃は茶色くてかわいかったのかもしれない。しかし死んだ当時はそうじゃなかった。

大型犬と中型犬の中間ぐらいの大きさだったが、金田住職らにはそれを伝えていなかったので、もしかすると小型犬のつもりでいたのかもしれない。

犬の霊が彼女の体に入った途端、いきなり高村さんは四つん這いになった。

「グルルルル……」と唸り声を上げ始める。

まさに犬そのものの唸り声だったから、その場にいた全員が驚いて顔を見合わせた。

金田住職と夫人は「チャタ」と呼びかけるが、攻撃的な唸り声はやまなかった。やがて「シュー、シュー」と今にも飛びかかりそうな声に変わった。

番犬のように飼われていて、飼い主にしかなつかず、訪問客があると誰かれなしに吠えていたようだから、いきなり目の前に見知らぬ人間があらわれたので警戒したのだろう。田舎ならよくあることだ。だが、どうもそれだけではない様子に、住職は「何か変だぞ」と思ったらしく、犬をなだめようとして、四つん這いになっている高村さんの肩に軽く触れた。その時だった。唸り声を上げて立ち上がろうとしたのだ。

犬というより、それはまるで熊のようだった。

これまで上半身を上げても立ち上がったことはなかったのに、いきなりうしろ足で立ち上がったので、その場にいた全員が驚いて身構えた。子犬ぐらいに思っていたのに、どうも子犬じゃないらしいと初めて気がついたのかもしれない。

金田住職と仲間の男性の2人が、犬になった高村さんを押さえつけようとしたが、犬はひと声吠えたかと思うと男たちを吹っ飛ばしてしまった。それも体重70キロ以上もある屈強な大人を、である。霊は大型の犬であっても、投げ飛ばしたのは高村さんである。彼女のどこにそんな力があったのかわからない。その場は騒然となった。

「なんか、いつもと違うんじゃない？」

「こりゃ、やべーぞ」と誰かが言うのが聞こえてきた。

「だめだ、すぐ読経に入る！」

住職は慌ててご本尊の前に向かった。そして「英ちゃんがケガするから、みんなで押さえろ！」と叫び、その場にいた全員で押さえつけた。ところが、あっという間に全員が吹っ飛ばされてしまったのだ。その度に「ドン」と鈍い音がする。

何が起こったのかわからず、床に倒れた人たちは茫然としていた。これじゃケガするのは「英ちゃん」ではなく男たちのほうである。

「グルルルル〜」

本当に犬が人間を威嚇《いかく》しているようだ。今にも噛《か》みつきそうだった。犬になった高村さんの口の周りから、ヨダレが流れて滴《したた》り落ちていた。

金田住職は一心不乱に読経を続けた。


その間、住職夫人も加わって犬になった高村さんを押さえ込もうとするが、そのたびに吹っ飛ばされる。どうして押さえられないのか不思議だった。

暴れては落ち着く、落ち着いては暴れる。そんなことを繰り返しながら、大人4人が汗だくになってやっと犬を押さえつけることができた。

高村さんの顔中がヨダレまみれになって光っていた。

「チャタ、ご飯があるからね、食べな」

誰かがそう言って水かけご飯を出すと、犬はようやくおとなしくなった。

その間も金田住職の読経が続いていた。

このいきさつは現実の世界で起こっていることの描写であって、高村さんには男たちを吹っ飛ばしたという実感は全くなかった。それよりも、むしろ出されたご飯の方に強い印象が残ったようである。

「犬がこれだけガツガツ食べて、わたしの記憶にも鮮明に残っているのですから、現実世界のわたしも食べたんだろうなと思ったのですが、実際には水かけご飯はお供えしただけで食べていなかったそうです。顔中にご飯粒をつけた記憶があるのですが。これは犬の記憶であって、現実の世界ではそうじゃなかったようです。でも不思議なのは、おいしいご飯の匂いはちゃんと嗅げたんですよ」


この儀式で気になることがあった。

僕が「人間なら死ぬところからスタートするのに、犬はそうじゃないですね？」と高村さんに尋ねると、高村さんは思案顔で「確かに死ぬところからじゃないですね。わたしにも理由はわかりません」。

「犬の名前はどうしてわかったんですか？」

「犬の記憶から、飼い主が呼んでいるのが聞こえたんです。それでわかりました。犬ってちゃんと音を覚えているんだなと思いました」

「犬の霊は、これまで憑依した人間の霊とは別の世界にいたのですか?」

「いえ、人間と全く同じです。犬だけじゃなくて、猫や狸もいるんです」

「儀式の最中に、犬が暴れているのはわかったんですか?」

「犬が吠えたり暴れたりしているのはなんとなくわかりましたが、むしろ何かがドンと落ちる音のほうが凄かったです。住職さんはずっと読経をしていたそうですが、その読経も聞こえませんでした。犬が暴れて吠えて、周囲がやいのやいのと言っているのを、わたしがうんと遠くから見ている感じでしょうか。犬がおとなしくなったと思った時に、ようやく住職さんの読経が聞こえてきました」

通常ならここで、金田住職が死者の霊に問いかけ、死ぬまでの記憶を取り戻させることで、すでに自分は死んでいることを理解させるのだが、犬の霊では不可能だった。

原発事故で置き去りにされた犬

しばらくして高村さんは犬の記憶につながる。

「犬はほぼ死にかけていました。その犬を、白い服を着た人たちが囲んで何か話しているのですが、何を話していたかは聞き取れませんでした。もう、犬に聞く体力がなかったのでしょう。どちらかというと、犬が白い服の人を見たのは一瞬で、その後は人の気配とかしゃべっているらしい音が聞こえた程度でしたね」

どこかの田舎の家に白い服を着た宇宙人のような恰好をした人たちがやってきて、玄関先の庭で鎖につながれた瀕死《ひんし》の犬を見つめている。飼い主はいない。必死に地面を引っ掻いた爪痕、そして鎖を嚙み切ろうとした痕跡……。のちにその光景を高村さんから聞いた金田住職は、「あっ、きっと福島の浪江町《なみえまち》だ」と叫んだ。

福島県浪江町で老夫婦に飼われていたが、東京電力福島原発事故が起こって避難指示が出た。すぐ戻るつもりだったのか、あるいは避難所に連れていけなかったか、犬をつないだまま自宅を離れてしまった、のかもしれない。

犬は外で飼われていたらしい。何度も鎖を嚙み切ろうとしたが無理だった。逃げることもできず、やがてエサがなくなり、力尽きて餓死した。白い防護服を着た人がやってきて死にかけている犬を発見して覗き込んだが、彼らは1匹の犬の死を記録しただけでその場を立ち去った。まさしくそんな光景が浮かぶ。

犬は鎖につながれたままガリガリに痩せて、倒れているのが見えたと高村さんは言った。

「餓死ってなんてひどいんだろ……。かわいそうな犬」

高村さんはなんとも言えない息苦しさを感じた。

「これは犬の記憶ですが、エサの時間になると吠えるのが習慣らしく、体力が続くまで吠えていました。でもエサがもらえず、どんどんお腹が空いてきます。初めはつながれている鎖を切って逃げようとしました。だけど鎖を嚙み切ることもできず、そのうち足元の雑草を食べ始め、それもなくなると自分の糞を食べたり、尿を舐めたりしてしのいでいました。そのうち吠える力も起き上がる体力もなくなったのか、静かに横たわると、やがて空腹も感じなくなって死んでいったようです。最期は穏やかな死だったと思います。人間と違って言語化できるわけではないので犬の気持ちを推し量ることはできませんが、死ぬことよりも、むしろ飢えている時の感覚がものすごく強かったことを覚えています」

東日本大震災の直後、放置されていたペットを引き取った人たちから、「食糞」といって自分の糞を食べるので困ったと聞いたことがあるが、この犬のように糞を食べて命をつないだペットはたくさんいたのだろう。

「そんな犬が、最初に暴れたり吠えたりしたのはどうしてですか？」

「どうして暴れたのかを考えたことはなかったのですが、飢えの記憶が強かったことを考えると、人間を食べようとしたのかもしれませんね。さすがに犬の気持ちまでは理解できませんでしたが……」

僕が、犬が餓死するのを追体験しなかったのかと尋ねると、「幸いにもその追体験をしなくてすんだのはラッキーでした。もしも追体験していたら……」と、顔をゆがめる。糞や尿を舐めていたかもしれないのだから。

ここでふと気がついたのだが、妊娠した30代の女性が津波に呑まれる描写は、あくまでも逃げる女性の主観的な視点だったが、犬の場合はほとんど客観的な描写だった。その違いはどこにあるのだろう。

「犬の目を通して見ている部分と、外から客観的に見ている部分がありますが、実際は客観的な映像がほとんどでした。当時、わたしの体は霊に完全に乗っ取られている状態でしたので、自分の意思でコントロールできなかったのです。今はできますが……」

う～ん、コントロールするってどういうことだろう。でも、訊いたところで、僕にはきっと理解できないだろうと思い、SF映画に登場するような超能力者にでもなったつもりで勝手な想像を巡らしてみた。

◈

金田住職の視点

これを金田住職から見るとどうだったか？　「とにかく犬はいちばんひどかった」とた

め息をつくほどだから印象も強かったようだ。

「あの時は他所《よそ》の和尚さんたちも結構来ていましたね。東北大学の人もいました。私が作り話をしていると思われても困るので、自分で見ろよと誘ったんです。

妊娠していた女性を送って、やれやれ、これで終わりだなと思った時でした。『和尚さん、実はわたしの周りで犬が鳴いているの。キャンキャンうるさいんです』と言うんです。『なんだ、英ちゃん、それも出す?』と訊くと、『今日はやめときます』と言ったんで、『じゃ、お茶でも飲もうよ』と戻りかけたのですが、思い直したのか『やっぱり、やって』と言うので、本堂に戻って座ってもらいました。彼女が『わたし、すごく暴れると思うから、みんなで押さえてください。それから、ご飯にお水をかけて供えてちょうだい』と言うので、屈強な男どもをそばに置いて準備したんです」

「ご飯を炊いたのですか?」

「気が変わらないうちにやらないといけないから、炊いていたご飯に水道水を入れました。本当はドッグフードをあげたかったけど、彼女が食べるのだからということでご飯にしました」

「すぐ犬に変身したんですか?」

「しばらくすると、彼女がきょろきょろ犬をさがしているんです。『いたいた、あそこに』と言った途端に犬になっていましたね。そうしたら、いきなりひっくり返ったかと思うと暴れ始めて、そばにいた男たちが吹っ飛ばされるんです。ガッチリした男4人で押さえつけたのに、ものすごい力でふり解《ほど》いて押し上げるんです。私もどうしようかと思ったけど、お経を唱えているから振り返るわけにもいかない」

「どれぐらいの犬なんですか？」

「農家か牧場で飼われていた柴犬くらいの大きさだと思いますが……」

「それが大人の男たちを吹っ飛ばしたんですか？」

「そうそう」とうなずくと、隣の夫人に向かって「あんたは犬好きだから泣いていたなあ」と言った。住職夫人はその光景に涙が止まらなかったという。

「犬は人間のように言葉を発しないし、逃げたくても逃げられなかったんだろうなと思うと、涙がこぼれてきて……。人の時はさほど流れなかったのですが……」

　再び金田住職が言う。

「浪江町の白い犬で、おじいさんとおばあさんに飼われていたようです。おそらく、白い防護服を着た人が、犬の首輪を摑んで生存確認をしたんですね。死んでるとわかると、防護服を着た人たちはそのまま立ち去りました。飼い主は原発が爆発したので、慌てて首輪を外さずに避難したんですね。当時はそういう人がいっぱいいました。それを聞いた時、人間の霊の時とは違う感情が湧きあがりました。原発の事故は人間だけでなく、鳥や動物や植物など、大地と大地に住まう生き物全てを汚染してしまったんですね」

「人間だと傾聴できますが、犬はどうしたのですか?」

「犬とは言葉を交わすことができないので、バタバタしてる間にお経をすすめていくという感じでしたね。光の方に行ったかどうかわからないけども、静かになっていきましたから、たぶん行ったのでしょう」

儀式が終わると、彼女も「屈強な男ども」も傷だらけだった。

◈

カオスのような「死後の世界」へ

高村さんの記憶に戻る。

いきなり「ドン!」という鈍い音が聞こえてきた。

犬がまた暴れ出して、男性を吹っ飛ばした音のようだ。囲んで押さえようとするが、逃げようとして犬は垂直に飛び上がった。痩せた犬がなぜこれほど激しく動けるのか不思議だった。囲んでいた人たちはただ唖然とするだけだったが、それを見ている高村さんの魂は「犬ってこんなに身体能力が高いのか」と驚く一方で、「ガリガリなのに、暴れまわったら骨折するんじゃないか」と心配していた。

何度も吹っ飛ばされた後、金田住職と一緒に「カフェ・デ・モンク」で活動している体格の良い僧が、背後からそっと近づいて羽交い締めするようにして押さえ込むと、ようやくおとなしくなった。

場面は犬がいる暗闇の世界に切り替わる。

ガリガリに痩せた犬が、不安そうに佇んでいるのが見えた。あたりを見回す。「やっぱりここも人が多い」と高村さんは思った。

ことは、自殺した男がいた「カオスのような世界」のことだ。当然と言えば当然だが、狸や狐もいたというから、動物も人も死ねば皆、同じ世界に行くのだろうか。日本人的な他界観を感じる。

遠くから金田住職の読経が聞こえてきた。

声が次第に大きく明瞭になってくると、高村さんは洒水をかけられてハッとした。いつものように「熱い！」と感じたのだが、なぜかこのときはずいぶんと多くの熱湯をかけられた気がしたという。男たちが押さえ込んだ状態だったので、金田住職が念には念を入れてかけたのかもしれない。

犬が暴れなくなると、どこからか「チャタ」と呼ぶ声が聞こえてきた。じんわりと体が温かくなり、気がついたら高村さんが犬と一緒に光の前にいた。

今回は送り出さなくてもいいような気がして、そっとその場を離れた。犬は昔の穏やかな性格を取り戻すと、そのまま光に包まれていった。

「英ちゃん、大丈夫か！」

「ふぁい……」

喉がかれて声が出ず、全身が痛くて死にそうだったという。

「焼香できるか？」

なんとか立ち上がって焼香したが、涙と洟《はな》とヨダレにまみれて、凄まじい有り様だった。犬のことはともかく、全身が痛くて痣《あざ》だらけで、あちこちに内出血があり、擦り傷も数え切れない姿に自分ながら呆れていた。うしろを振り返ると、儀式を手伝ってくれた男性たちが全身汗まみれで、疲れ切ってぐったりしていた。

押さえ込まれたときに腕や足を思いっきり摑まれたらしく、彼女の肌にはまるでホラー映画のように人の手形がくっきりと残っていた。

焼香をすませると、金田住職から「この男性を何度も吹っ飛ばしたんだよ」と笑われたが、体格のいいその男性を見たら、彼女にはどう返していいか言葉がなく、初めて今回の儀式の凄まじさが伝わってきた。

翌日はまるで体が燃えるように熱っぽく、彼女は1週間ちかく動けなかった。

＊

憑依現象は、自ら体験しない限り、理解するのは簡単ではない。たとえば、猫は天井裏で鳴いているネズミの声を聞くことができるが、人間には全く聞こえない。人間が聞き取れる周波数を超えているからだ。ところが、まれにだが、聞こえる人がいるそうである。かといって、どう聞こえるかなんて余人には想像もできないだろう。僕が高村さんの体験を想像しがたいのもそれと同じかもしれない。

「憑依」という言葉がよく使われるようになったのは戦後だが、その昔は「憑霊《ひょうれい》」「憑く」「神がかり」「降りる」などといった言葉が使われていたというから、憑依という現象そのものは古くからあったのだろう。21世紀になった今も除霊の儀式を受ける人がいるのは、時代が変わっても憑依される人が一定数いることを示している。

池上良正駒澤大学名誉教授の『死者の救済史』（角川選書、２００３年）には、悪霊に憑かれた出来事が紹介されている。憑かれたのは沖縄の男性でキリスト教の信徒である。最初にあらわれたのは離島出身の祖母で、その地方の方言で語った。30分ほどすると、これまで経典に接したことがないこの男性が僧侶の声になり、お経を唱え始めたという。お経が1時間ほど続いたあと、自殺した友人があらわれ、「痛い、痛い」と泣き出した。牧師が「イエス様のもとへ行きなさい」と言うと、男は我に返ったという。

ここでは憑いた霊は悪魔になっているが、それはともかく、高村さんが体験したような複数体による憑依現象は彼女だけではないようである。

卑弥呼がいた古代なら、何かが乗り移るといった憑依現象は、祭政一致に大きな力があったと想像できるし、近代においても天理教や大本教は「神がかり」という憑依で始まったとされる。宗教の多くは「神の啓示」という言葉があるように、憑依現象と深く関わっているのかもしれない。もちろん僕がいう「憑依」には、悪いものが憑くというイメージは全くない。

僕は「憑依」や「除霊」についてもう少し知りたいと思い、宗教学者として高名な京都大学「政策のための科学ユニット」のカール・ベッカー教授を訪ねた。

僕が高村さんの説明をすると、ベッカー教授は「日本の歴史からすると、そういうことはよくあることで、とくに怖がることはないと思います」と言った。

「（明治時代の）廃仏毀釈《はいぶつきしゃく》まで除霊は当たり前でした。ところが、廃仏毀釈の後、浄土真宗では、霊の存在とあの世の存在を親鸞上人《しんらんしょうにん》が言われた通りに信じる人たちと、お浄土はあの世ではなく今の世にあると再解釈した人たちの2派に分かれたんです。でも、神道を含めてそれ以外の宗教は、すべて霊の存在を信じているし、除霊を含む技術やお祓いなどの方法も持っています」

「日本の憑依現象はいつ頃から記録にあらわれてきますか？」

「文字が、一般人や一般貴族に広がるのが平安中期から鎌倉前期あたりですから、その意味で『宇治拾遺物語』や『今昔物語集』が古い例だと思います。でも、部分的に解釈すれば、『日本書紀』にも少しありますし、証拠はありませんが、卑弥呼も霊とつながりのあるシャーマン的な存在だったと言われています」

「海外でも古い記録はあるのですか？」

「あります。紀元前のメソポタミア、エジプト、アラビアなどでも記録されていますし、古代ローマ時代にもありました。紀元前のギリシアでは、シャーマンのような女性が洞穴に入って死者や神々に憑依されてしゃべるという儀式がありました。中国では亀の甲羅を割って、神がかった人に占ってもらう儀式もありました。この現象は普遍的なもので、どこの部族や民族にも古くからあります。霊の世界を知りすぎて、政治や社会がそれに振り回された歴史もあります。中世ヨーロッパの暗黒時代がそうだし、ロシア革命の前までラスプーチンが帝政ロシアを振り回したのもそうです」

　亀甲占いは、天皇の代替わりに伴う大嘗祭《だいじょうさい》でも行われている。神々に供える米をつくる「斎田《さいでん》」の場所を、亀の甲羅を焼いて占う「亀卜《きぼく》」で決めるもので、日本でも古代から行われてきた。

「憑依された時に行う除霊の儀式は海外でもあるのですか？」

「多くの民族宗教にあると思います。ほとんどの民族が、死は終わりではないと信じているからです。ただユダヤ教は、基本的に霊の存在を否定しています。そのくせ、除霊に対する禁止令はちゃんとあるんです。矛盾していますよね」

高村さんが憑依された時、憑依した人の言葉と思われる、高村さんが知るはずのない方言でしゃべったことを説明すると、ベッカー教授はこんな体験を語ってくれた。

「ある大学院生を下北半島に連れて行き、イタコと呼ばれる目の見えない70代ぐらいのおばあさんと話をさせました。その時、イタコは院生のおじいさんのような声に変わり、それも九州の方言で、過去にこの学生の家であった特殊なことをしゃべりました。本人は驚いて九州に住む祖母に電話をかけ、実際にこんなことがあったのかと尋ねたら、祖母は『うちだけの秘密にしていたのに、なんで孫のあんたが知ってるのか』と言ったそうです。もちろんこのおばあさんのように、イタコがみんな正確に当てるわけではなく、ピントが合っていたのはこの方1人だけでした。だからといって、おじいさんがこのイタコに憑依してしゃべったのかどうかはわかりません」

「でもそういう人がいることは確かですね」

「憑依が千人に1人なのか万人に1人かはわかりませんが、そういう現象があることは確かです。憑依された彼女（高村さん）を見て、津波で亡くなられた方が今もどこかで生きているんだ、彼らをお浄土（仏の世界）に導いてもらい安心したというのは、それはそれで素晴らしいと思う。でも、その安心と、お浄土の所在の証明とは別のことです」

「高村さんは、自分が精神病ではないかと苦しんできました。他の国ではどうですか？」

「ドミニカ共和国やスリランカでは憑依現象が多いので、人類学者が憑依されやすい人たちを対象に、精神疾患の診断マニュアルを使って比較した調査があります。それによると、憑依されやすい人たちに、精神異常の傾向があるわけではないとわかりました。憑依されたからといって、精神異常とは言えないということです」

「僕がなかなか理解できなかったのは、彼女が憑依されることを〝レイプ〟と表現したことでした。今もその感覚はわかりません」

するとベッカー教授は「催眠術にかかったことはありますか？」と尋ねた。僕が「ありません」と答えるとこう言った。

「今はやっていませんが、催眠療法のために催眠術を習ったことがありました。催眠術にかかると、自分の意識がどこかに放り出され、術者の言われるままになります。変性意識状態というのですが、その時、体から離れた魂のような本来の意識は、何もすることができず、自分の肉体を第三者的に見ているだけです。やめてほしいと思っても、催眠術にかかっている限り傍観するしかないのですからものすごい屈辱的です。

　催眠術は憑依じゃないけど、本来の意識を排除して、そこへ他人の意識を入れて脳を支配する技ですから、彼女の体験とよく似ています。彼女も本来の意識が排除されて、そこへ霊が入るわけですから、かなり強い違和感を覚え、意識がレイプされている感覚になったのは当然だと思いますね」

「なるほど。確かに、自分の肉体を奪われているのに、何もできずに、ただそばでじっと見ているだけというのはすごくつらいですね。女性ならレイプされた感覚になっても不思議ではないかもしれません」

「そうです。怖いです。私も催眠術でそれに近い感覚になったことがあります。ただ、私の場合は、術者が尊敬する恩師だったから安心でしたが、もし知らない霊などに乗っ取られたとしたら、たまったもんじゃないですね」

「憑依を科学的に証明しようとする人たちもいますが、憑依現象はいずれ科学で解明できると思われますか？」

「精神科医が調べたいという時は、脳内現象に還元したいという意味のことが多いです。でも脳内現象だけでは説明しきれないですね。

バージニア大学の医学部は、前世の記憶を持っている子供たち数千例を統計学的に調べています。まだ仮説の段階ですが、前世を覚えている子供たちの多くは、自然死でなく事故や殺人などで突然亡くなった人を思い出しているようです。また、地球の反対側のように遠い場所からではなく、数百キロ以内で生まれ変わっている傾向があるようです。こうしたテーマは統計学的に見ると何かあるんだと気づきますが、科学的にとなると難しいでしょうね。たくさんのデータが集まれば、それを分析することで、見えてくるものがあるかもしれません」

ベッカー教授は「大切なのは記録を大事にとっておくことだ」と言った。「いかがわしい」とか「非科学的」とかの理由で否定するのではなく、現象として存在したことを記録しておけば、いずれわかる時が来るかもしれないということだろう。

かつて物理学者の中谷宇吉郎は「大自然という大海の中に論理という網を投げて、引っかかってきたものが科学的成果で、大半の水は科学という網目からこぼれ落ちる」と語ったと岡部健医師から聞いたことがある。人間が知っていることなんて、この自然《じねん》のごく一部でしかないことを、謙虚に自覚することだろう。

第3部 祈り

愛する老妻を1人残して死んだおじいさんの心配

死者と生者の交わり

境内では盆踊りが始まったようだ。

使わなくなった家族の着物を再利用した端縫《はぬ》いの衣装が舞う。

「彦三頭巾《ひこさずきん》」という黒い覆面をかぶる踊り手と、編み笠を深くかぶった女性。どちらも顔が見えない。黒い頭巾をかぶった踊り手は、薪台の柔らかいかがり火に映えて、まるであの世から舞い戻った亡者のようにも見える。薄く撒かれた砂の上をお囃子《はやし》に合わせて回った時の、大地と擦れ合う音が幻想的で、まるで死者のささやきのようだった。

これは西馬音内《にしもない》盆踊りである。

秋田県羽後町《うごまち》の西馬音内地区に700年ほど前から伝わる盆踊りだが、それがなぜ宮城県にある通大寺の境内で行われているのだろうか。

「2010年に西馬音内盆踊りを見て、そのパワーに驚き、西馬音内の人に、うちの境内でもやってくださいとお願いしたんです。予定は翌年の9月10日でした。ところが東日本

震災の半年後、通大寺で行われた西馬音内盆踊り

大震災の半年後だからとても実現できそうもない。諦めていたら『和尚さん、やりましょうよ』と言っていただき、予定通り実行することになりました」

金田住職は言った。滑りをよくするために砂を撒いたが、その砂は津波で被災した各地の海岸から集められたため、その日の境内は、津波に浚《さら》われた被災地の海岸になったという。その夜、西馬音内盆踊りは津波の犠牲者の追悼のための踊りになった。それ以来、毎年この境内で行われている。

黒い頭巾をかぶっているのは死者だろう。目深に編み笠をかぶった女性は生者だろうか。踊りながら、生と死が交わり、聖と俗が交差する。高村さんの目に見えているのは、このような世界かもしれない。

踊りは「がんけ」と「音頭」があって、

「音頭」は即興だという。

「即興で歌う歌詞の中に卑猥《ひわい》な文句がいっぱいあるんです。下ネタなんです。それに女性が反応するのを見て喜んでいる。あれで生命を燃えあがらせてるんですね。供養の後で卑猥な歌詞で盛り上がる。聖なるものと俗なるもの、生と死のカオスです。そこからほとばしる何ものかこそ、震災を乗り越える生の力なのです」

まるで「あの世」と「この世」が溶けてひとつになったような夜だった。

かつての日本には、生者と死者が共に生きる文化があったように思う。

西馬音内盆踊りでなくても、お盆の時期になればお墓に故人が好きだった食べ物を供えたり、鴨居《かもい》にご先祖の写真を掲げたり、子供が悪いことをすれば「ご先祖様が見ているぞ」と叱ったりするのもそうだ。死者と共に生きる文化が、日本人の倫理観を形成してきたともいえる。かつて死者は、僕たちの身近にいた。

この日は高村さんも招待されていた。それまでの数ヵ月間はどこにも出かけられなかったから、久しぶりに旅行する気分でやってきたという。

霊を拾う

毎週のように通大寺へ通っていた高村さんだったが、餓死した犬の霊を送って以来、怒濤の憑依がまるで嘘だったかのように、穏やかな日々が続いていた。

もっとも、全く憑依されなかったわけではない。西馬音内盆踊りが終わった後も、住職に読経してもらって2、3人の霊を出した。しかし、高村さんも忘れていたほどだから、それほど大した儀式ではなかったのだろう。

再び自分で除霊するようになったのもこの時期だった。たとえば、3体の霊をいっぺんに除霊してもらった直後にこんなことがあったという。

高村さんは、餓死した犬の霊を送ってからしばらく寝込んでいたが、5日ほど経って熱も下がったのでレンタルビデオ店に行った。ところが、店内ですれ違った人に憑いていた霊を拾ってしまったのだそうだ。男性と女性、それにおばあさんの3人だった。慌てて金田住職に電話をしたが、この時は通大寺に行かず、電話を通して読経してもらい、高村さん自身が自分で霊を外に出したという。

「霊を拾う？」

お墓に行ったら霊が憑いてきたという話は聞くが、なぜレンタルビデオ店に行っただけでいとも簡単に霊を拾うのだろう。

「あの当時は被災地巡礼みたいなのが流行っていて、全国各地から被災地を訪ねる人が後を絶たなかったんです。霊は自分が亡くなった場所や、遺体が見つかった場所から動けなくなっていることが多いのですが、そういうところを訪ねた方に憑き、その人が街中にやって来ると、また別の人に憑くという具合に、憑く人を転々と変えながら、最終的にわたしのところにたどり着いたみたいです」

「まるでヒッチハイクですね」

「そうです」と高村さんは笑う。

「それは拒絶できないのですか？」

「今まではできたりできなかったりでした。子供の頃から霊を拾うのは普通のことだったし、拾ったところでわたしに影響を及ぼすような霊に出会わなかったので、それほど危険とは思わなかったのです。20歳を過ぎてからコントロールできるようになって、極力リスキーな霊は拾わないように、寄せ付けないようにしていました」

「レンタルビデオ店で拾った霊は、自分で外に出せる霊だったんですか？」

「以前は憑いても自分で除霊できたのですが、津波の霊たちが押し寄せてきてからできなくなって、それで住職さんのところに駆け込んだんです。それが以前のように、だんだんと自分でも出せるようになっていました」

「自分でお祓いをする時もお経を読むんですか？」

「ええ、お経は『消災妙吉祥陀羅尼《しょうさいみょうきちじょうだらに》』でしたが、住職さんから『諸仏光明真言灌頂陀羅尼《しょぶつこうみょうしんごんかんじょうだらに》』がいいよと教えてもらってから、今はこの2つを読んでいます」

街中の普通の家から、連日、お経を唱える声が聞こえてくるのだから、近所の人たちはさぞかし驚いて足を止めたことだろう。

高村さんは出かけては連れ帰る、そして自分で祓うというのを繰り返していた。同時に、どうすれば憑依されないようにできるか悩んでいた時期でもあったという。

「それにしても、なんで次々と霊が憑くんですか？」

すると高村さんは「わんこそばみたいなものです」と笑った。椀に入ったそばを食べてなくなると、さっと横から新しいそばを入れられるように霊が入ってくるのだという。体が受け入れられるキャパシティーは「通常3、4人ですが、10人くらい憑依されても平気です。ただ、そこまで増えるとコントロールができなくなる」のだそうだ。除霊でいなくなった霊の代わりに新しい霊が入ろうとしてきても、嫌なら蓋をすればいいのだが、津波の霊たちの時は、なぜか蓋ができなくなっていたという。

それが再びコントロールできるようになると、外から霊を連れて帰った時は自分でお経を読みながら祓った。そして、憑依されないようにするにはどうすればいいか、自分なりに試行錯誤しながら実践していた。


しかし、これも1ヵ月ほどすると、次第に怪しくなってきた。

やっと以前のように、霊を体に入れなくできるようになったと思ったのに、逆に「背後に憑いている霊がいっぺんに増えた」感覚や、「体から自分が剥がれていく気配」のようなものを感じるようになった。彼女によれば、憑依といっても完全に体の中に入られるのは稀なことで、たいていは背後に憑いているぐらいなのだそうだ。ところが、ある日、やけに疲れると思ったら、「5人の人（霊）に自分の体を乗っ取られそうになっているのに気づいた」と言う。高村さんは再び通大寺に向かうことになった。

この世に残したおばあさんが心配

この日は数人の霊が憑依していた。最初にあらわれたのは2人の霊だった。

1人は16歳の高校生、もう1人は80代のおじいさんだった。2人とも通大寺の応接間で金田住職に傾聴してもらうと納得したらしく、本堂で除霊の儀式をするまでもなく成仏してくれたそうだ。高村さんには30人を超える霊が憑依したが、傾聴しただけですんだのはこの2人だけだったという。

16歳の高校生については高村さんの記憶もぼんやりとしていて、大まかなことしかわからない。津波で亡くなったことは本人も自覚していた。肝心の家族の安否はわからなかったが、親戚なのかどうか、丁重に弔《とむら》ってくれる人がいたからこれといって問題はなかった。ただ、帰る場所がなくて困っていた時に、たまたま高村さんを見つけて憑いたようだった。だから、高村さんの体に入れて金田住職に傾聴してもらったら納得したらしく、素直に光の世界に行ってくれたという。

「80代のおじいさん」もそれほど深刻な霊ではなかった。ただ問題は、金田住職とおじいさんのやりとりを、高村さんがうまく説明できないことである。

「南三陸の浜言葉らしくて方言がきついんです。それも昔の人が使う生粋《きっすい》の方言ですから、わたしにはほとんど聞き取れませんでした。わたしもある程度方言はわかりますが、さすがに古い南三陸の方言は無理です。憑依された時に見えた映像と、住職さんがしゃべった言葉でなんとなく把握してる感じですね。住職さんは方言を理解していましたが、わたしの家族は聞き取れなかったようで、全然わからなかったと言ってました」

「でも憑依された時は、高村さんがしゃべっていたんですよね」

「しゃべっていましたね」

そういえば10年ほど前、沖縄のある島で、若い女性に琉球時代の高貴な方の霊が憑依したことがあった。その島では憑依されること自体はそれほど珍しくなかったが、他と違ったのは、彼女がいきなり島の人たちも理解できない言葉でしゃべりはじめたことだった。たまたまそれを聞いた人が調べたところ、すでに使われなくなった古琉球の言葉だったそうである。憑依された女性はまだ20代で、もちろん琉球の古語なんて知らないししゃべれない。しかし、憑依されている間は、ずっとこの言葉でしゃべっていたそうである。高村さんも、三陸海岸の方言は多少聞き取れても話すことはできない。どう理解すればいいのだろうか。

金田住職の合図で、高村さんはおじいさんの霊を体に入れたが、いつもなら死を追体験しながらのたうち回るのに、この時はなんだか道端でばったり会ったような感じでおじいさんがあらわれた。

金田住職も近所の人に出会ったかのように話しかける。

「ばんさんは無事か？」と金田住職は尋ねた。

「ばんさん」とはおばあさんのことだ。おじいさんが金田住職に返す。

「おらいのは大丈夫だから。歩くにいいもの（歩くことはできる）」

「おらいのは」というのは、うちの家の者はといった意味だから、おばあさんのことを指しているのだろう。脚が丈夫なので逃げられたという意味だ。

「仕事は漁師だったんだってな」

「んだ、浜の近くさ住んでた」

顔に深い皺《しわ》が刻まれていたが、それが見えるのは高村さんだけで金田住職には見えない。

「なんでここにいるんだ？」

「自分のことはいい。ばんさんが心配だ」

「どこにいるんだ？」

「仮設住宅に1人でいる。死ぬべとしてる。ずっと1人だ。息子も娘も来てけねえ。入り口にヒモっこを置いてる。あいづはだめだなあ……」

むろん実際のやりとりは、もっと純粋な方言だった。

気になる玄関のロープ

おじいさんがこの世に残ったおばあさんのことを想うと、それが高村さんにも映像として見えた。仮設住宅の中でぽつんと1人、おばあさんが座っていたという。

「簡単なお仏壇におじいさんの位牌が置かれ、その前でおばあさんがぼんやりと座っていました。娘さんと息子さんがいるようですが、2人とも県外にいて、休みにならないと訪ねて来られないようです。かといっておばあさんには、今さら地元を離れる気持ちはなく、同じように息子たちも戻るつもりはないようです」

津波の後、実際にこんな高齢者がたくさんいた。あらゆるものが津波で流され、子供たちは生きるために県外へ出たが、老いた親は生まれ育った故郷を離れようとしない。夫婦のどちらかが津波に呑まれていたら、被災地に残された親は一人暮らしになる。家を失った人たちのために建てられた災害公営住宅に住んでいるのが、独居の高齢者が多いのはそのせいだ。狭い公営住宅に移ると、震災前までは広い家で同居していた子供たちも、自分の部屋を持てないから別居せざるをえない。別居するだけならともかく、都会に出て住むようになれば、子供たちとはますます遠ざかって家族関係も変わってくる。

あの津波は大勢の人の命を奪っただけではなかった。２世代３世代と同居しながら、それまで当たり前に暮らしていた家族をバラバラにしてしまったのだ。

「仮設の玄関は想像以上に狭くて、靴を２、３足置いただけでいっぱいになります。その玄関の横に棚があり、そこにロープが置いてあるのが見えました。震災後に届いた支援物資か何かをくくりつけていたヒモのようです。

小柄なおばあさんで、この体ならあのヒモで自殺できそうに思えました。そんなおばあさんを、おじいさんが上からじっと見つめているんです。きっと仲のいい夫婦で、おばあさんが大好きだったんですね。すごく印象的でした。死んだおじいさんにしたら、生き残ったおばあさんが後追い自殺をするんじゃないかと心配で心配で、自分の死に納得しているのに成仏できないでいるんです」

その話を聞きながら、実際にあったこんな話を思い出した。

あれは東日本大震災の翌年だった。宮城県石巻市で、あるおばあさんが近所の人から「津波で亡くなったおじいさんの霊が大街道《おおかいどう》の十字路に出たそうよ」と聞いたそうだ。どうせ出るんだったら、どうして私の前に出てくれないのかと思ったのだろう。「霊でもいいからおじいさんに会いたい」と、おばあさんは陽が落ちると毎日、その十字路に立っていたという。切ないが、でもほっとする話だった。此岸《しがん》に残された人が、彼岸に去った最愛の人を思うように、死者もこの世に残した生者のことが気になるのだろうか。

おじいさんの心残り

金田住職とのやりとりが聞こえてきた。おじいさんは、自分が成仏できない理由を訴えているようだ。

「助けてやってけろ。おらは充分生きたからもうたくさんだ。やりてぇことはやったす。おらいのが心配だ」

「おばあさんの周りに声をかけてくれる人はいないの？」と住職は尋ねた。

「塞ぎ込んでしまって、人のいるところに出て来ねえ」

そこまで言った後、おじいさんは何かに気づいたように「みんなどこが家だか道に迷ってしまってる」とつぶやくように言った。おじいさんのように、迷ってウロウロしている霊が他にもいるということだろう。

「心配だなぁ。だけど、死んだのにいつまでもそこに残ってるのは良くないな……」

おじいさんと茶飲み話をするように住職は言った。

「ほんだけども、くよくよ考えて首吊んでねえがと心配で……」

「大丈夫、みんなで支えるから。心配しないであちらの世界で見守ってあげて」

「どこさ帰《けぇ》ればいいんだ？」

「光に向かって歩きなさい」

「はぁ、道に迷ったみたいだ。困った……。おらいのところに行けなくなってしまった。どこさ帰《けえ》ればいいんだ？」

帰る場所が見つからなくて、本当に困った様子だったと高村さんは言う。

「お盆には、ちゃんと迎え火を焚くから心配しないで。このお寺でも目印に大きな迎え火を焚くから」

「んだがあ……。心配してる人もいる」

こんなやりとりがしばらく続いた後、おじいさんは光の世界へ行くことを決意したのか、金田住職にこう言った。

「お盆、ちゃんとやってけろな」

「わかった」

「こんな命でも、生きてたら役に立ったのに……」

「死んだあとは気にしなくていい。それは生きてる人たちで頑張っていくから」

「あとは頼むぞ」

そう言うと、１人で光の方へ向かっていった。

余談だが、実際にあの震災直後の南三陸町の仮設住宅では、家族を喪った人の中には、津波で自分も死ねばよかったとか、このおばあさんのように、首を吊るんじゃないかという話が飛び交っていた。また、初盆を迎える8月13日の夕方には、助かった住人たちが藁を持ち寄って「新しい仏さんが帰る先を間違わないように」と迎え火を盛大に焚いたそうだ。そこでは、津波で家を流されたから迷っているんじゃないかといった会話がしきりに交わされていたという。

◈

金田住職の視点

おじいさんのこの世に残した老妻への想いが印象的だったのか、金田住職もこの時のやり取りをよく覚えていた。物語は重なるが少し耳を傾けてみたい。

「あれはお盆が近かったですね。おじいさんは85歳ぐらい。自分はもう歳だったし、漁師をしていたので海で死ぬのはある程度覚悟できていたから、死んだことに対して後悔はない。けれど、おばあさんを1人残して逝ったことが気がかりだと言うんです。仮設住宅の玄関の床に白いロープが置いてあって、そのロープが気になる。玄関のところに梁《はり》があるので、それにロープをかけて首を吊るんじゃないか。それが心配で心配でということでした。『おらも、ほらな、85だで。死んでも悔いはねぇ。んだげど、うちのばあさんが気になるんだ』と、こんなふうに全部方言でしゃべっていました。あれは南三陸の言葉のようでした。そうだとは言い切れませんが、少なくとも私たちが普段しゃべっている言葉ではなかったです」

「高村さんが普段しゃべっているのは？」

「もちろん標準語です。今の若者と同じです。あの言葉は、私たちの世代なら聞き慣れている東北弁でしたが、若い世代はどうですかね」

「方言だけでなく、若い女性が年寄りの声でしゃべるというのは？」

「難しいと思いますよ。とても演技とは思えないですね。小さな子供の時もそうです。ほんとに幼い声でしたからね」

「南三陸方面の方言ですが、ご住職はわかるんですか？」

「もちろんわかります」

「おばあさんが心配で成仏できないというのをどうやって説得したのですか？」

「私が、『大丈夫だからね。地上に残ったものが、おばあさんたちに悲劇がおこらないように一生懸命支えているから安心していいよ』と言うと、『もうすぐ盆が来るんだげど、おらどごさ帰《けえ》ればいいんだ？』と言うんです。だから『お盆が来たらちゃんと迎え火焚いてくれるがら大丈夫だ。その光を目指して帰って来れば行けるよ』と言いました。

そしたら、『いや、どこの仮設にいるかわがんねぇ。どんな迎え火を目指していったらいいかわがんねぇ』と言うんですね。だから『その時は、ここのお寺でも大きな迎え火を焚くから、そこを目指して帰《けえ》って来て』と言いました。おじいさんとの会話はそれくらいだったと思います。そんなに長くなかったですよ」

「それで納得されたわけですね」

「納得しました。それほど食い下がってこなかった。ある程度、納得している人はそうなのかなと思う。自分は歳も歳だから、死んだことは後悔していない。ただ、おばあさんがいつ自殺するかわからないので、すごく心配なんだということです」

「納得したらすぐに光の方へ行ったのですか？」

「そんなにくどい人ではなかった。すっと行かれましたね」

「すっと、というのはどれくらいの時間なんですか？」

「う〜ん、空白の部分を切ってつなぎ合わせたら、おそらく10分ほどで終わりますが、間が長かったり、意味不明な言葉があったりで、やっぱり時間がかかりました」

「死者の傾聴はどこが難しいのですか？」

「普通の人に傾聴してるのと同じ感覚です。言葉も選びます。できるだけ価値判断をはさまず、希望的な言葉とかもあまり言いません。できるだけあちらの方から答えが返ってくるような言い方をしていきます。そういうところは生きている人と全く同じでした」

「憑依すると高村さんの表情も突然変わるのですか？」

「変わります、変わります」

隣でじっと聞いていた住職夫人が、「でも、やっぱり怖いですよ」と言ったのが印象的だった。僕も、やっぱり怖い。

霊と名前の関係

死を納得している人の場合は、その人の名前をさがすのがさらに難しいらしく、このおじいさんもついに名前がわからなかったそうだ。

高村さんがそう言うので、僕は「死を納得している方が成仏しやすいなら、名前を知るのも簡単そうに思ったのですが、逆なんですね」と言った。

「基本的に生きていた時に持っていたものは、あの世に持っていけないのですが、特に自分の死に納得している人は、この世に未練がないから名前も何も必要ないんだと思います」

「でも、名前がなくても成仏させられるんですか？」

「はじめのうちは、住職さんの儀式には名前が必要でした。そのためにわたしが霊視をしたのですが、それがいちばん疲れました。わたしが肉体を奪われて魂だけになると、わたし自身の名前も思い出せなくなります。名前は肉体のものであって、魂のものではないからです。死の追体験は肉体も精神も消耗が激しいのですが、名前をさがす作業はそれと同じくらい大変でした。なんで名前にこだわるんだろうと思ったくらいです。それが、後半になってくると住職さんは、名前をさがすことがわたしにとって大きな負担になっていると気づいたのかもしれません。以前のようには名前にこだわらなくなっていました」

おじいさんの霊が高村さんの体から出ると、ほっとしたように2人は座卓を囲みながらお茶を飲んでいた。最初の頃に比べるとずいぶん余裕も出てきたようで、時には軽口も交わせるようになっていた。

「英ちゃん、どこの仮設か、わかんねがった？」

仮設住宅がわかれば、そこで移動傾聴喫茶「カフェ・デ・モンク」を開いて、1人残されたおばあさんに寄り添ってあげられると思ったのかもしれない。

「すみません……。わたし、震災関係のニュースも一切遮断していましたので、実際の仮設住宅がどんなものかも知らないんです」

「ああ、そうだったよなぁ」

「高校生もおじいさんも自分の死に納得していたみたいで、名前は最後まで霊視できませんでした」

「いいよ、いいよ。あとは？」

「はい……」

「ん、なんだ?」

死にたくなかったと訴える大学生の苦悶

地縛霊《じばくれい》になろうとしている大学生

おばあさんの行く末を気にするおじいさんの霊に成仏してもらってほっとしている金田住職を見て、高村さんは困った表情を浮かべていた。結局は伝えることしか自分に選択肢はないのだと思い直すと、そろりと口にした。

「あのぉ、先に大学生の男を出したいのですが……」

「ん？」

「多分、悪さをしていて、あまりよくないと思います。揉めるかもしれません」

「悪さって何だ？」

「そのぉ、事故を起こしたりして……、まだ人は死んでないのですが、地縛霊になりかけているというか……」

「ああ、それは悪いことをしてるなぁ」

「まだそんなにひどい悪さはしていないのですが、これからどうなるか……」

「そうか、どれ、やっか」

除霊の儀式に慣れてきたのか、高村さんが語る2人の会話から、なんだか流れ作業でもしているような雰囲気が伝わってきておかしい。高村さんは、応接間で金田住職とそんな雑談をした後、本堂に向かった。ただ、自分の足で歩いたかどうかの記憶はないというから、憑依した霊がすでに高村さんの体に入ろうとしていたのかもしれない。


足取りがおぼつかない。

よたよたと本堂の床に座ると、いきなり溺死の追体験が始まった。

「う、ううう っ!」と悶え苦しむように唸り声を上げるが、住職らは「大丈夫か?」と声をかけるものの、最初の頃のような不安そうな表情はなく、高村さんの溺死体験が落ち着くのを見計らって話しかけるようになっていた。もっとも、慣れてきたとはいえ、高村さん自身の溺れる苦しさは変わらない。ただこの時期になると、できるだけ早くこの苦しみから逃れるには、抵抗せずに自分の体を霊に投げ出すことだと思うようになっていた。


溺死の追体験が終わると、男の大学生らしい低い声が高村さんの口から出た。

「うっ、苦しい。なんでこんなことに……」

押し殺したようなその声は、聞いていてもぞっとするほどだった。

「自分に何が起きたかわかるか？」

金田住職はゆっくりとした口調で大学生に尋ねる。

「体が、重い……」

高村さんはといえば、これまでなら溺死体験が終わるとその衝撃でしばらくぼんやりする時間が続いていたが、それにも慣れてきたらしい。ふと下を見下ろすと、そこには、びしょ濡れになった大学生がうずくまっていた。

普通の青年がなぜ？

「地縛霊」だの「悪さをする」といった言葉から、勝手にチンピラ大学生のようなイメージを描いていたから、生前はどんな悪い奴だったんだろうと思って高村さんに尋ねると、あっさり「普通の人」と言った。中学高校時代も荒れたことはなく、「普通に生きていた普通の青年」だったそうだ。とすれば、彼を変えたのは突然の死だろうか。

高村さんが亡くなった大学生の記憶にリンクした時、いきなり大学生が亡くなるその日の映像が見えたという。

男性は大学に入学してから下宿していたようだ。春休みに入ったので実家に帰ってきたというから県外の大学かもしれない。帰って何日かすると、地面が波打つような地震に見舞われた。家は無事だったが、激しい揺れに家の中は足の踏み場もないほど物が散乱したので、その後片付けをしていた時に津波に襲われたようだ。

気がついた時はすでに遅く、あっという間に家ごと呑まれた。

幸運にも家は壊れなかった。礎石《そせき》の上に組んだ昔の家だったから、建物ごと海水で浮き上がったらしい。大学生は逃げる間もなかった。津波に揉まれながら、家はまるで舵を失った船のように右へ左へと流されていった。

すでに夕暮れ時のように暗くなっていて、粉雪が舞っていた。凍りつきそうなほど風が冷たかった。幸いに外海に放り出されず、堅牢な家は奇跡的に船のように浮かんでいた。

彼は「助かった！」と思った。

高村さんもホッとした。

あとは誰かに見つけてもらえれば助かる。岸から遠く離れなければ、きっと見つかるだろう。自分の幸運を喜んだ。大学生は「死にたくない、こんなとこで死んでたまるか」という思いで、屋根によじ登ろうとした。屋根に登った方が見つけてもらいやすいという算段があったのかもしれない。が、考えて行動したというより、そうせずにはいられなかったのだろう。ただ、凍るような寒さで体が思うように動かない。部屋の小さな窓から外に出て、屋根の端を摑もうとした時だった。

いきなりうしろから体をググッと引っ張られ、波に呑まれてしまったのだ。

「えぇ！」

口にしたのは、大学生なのか高村さんなのかわからなかった。

やはり津波に流され、浮いたり沈んだりしながら波間を漂っていた別の男が、目の前を流されていく家を見つけたのだろう。溺れながら必死にたどり着いたが、よじ登ろうにも足をかけるところがない。その時に大学生を見つけ、必死に手を伸ばしたら、大学生の足を摑んでいたのだ。思いっきり引っ張ったら、大学生は「あっ！」と叫んだまま、溺れかけていた男もろとも海の底へ沈んでいった。

再び高村さんは溺死を追体験する。


なんで俺なんだ！


時間軸が現在に戻ると、大学生と金田住職が向き合っていた。大学生はずぶ濡れのまま体を丸くして座っていた。

なんだか独り言のようにブツブツとつぶやくのが聞こえる。

「津波が来たけど、逃げられたんだ。でも、足、いや肩かな……。わからない、服かもしれない。あいつに摑まれて、津波に吞まれてしまったんだ」

「苦しいのか？」と金田住職は尋ねる。

「死にたくなかった、死にたくなかったんだ。苦しい……」

悔しそうに話す、「死にたくなかった」という言葉が何度も聞こえてきた。

「そこから何か見えるか？」

「灰色の建物が見える」

死者の名前もそうだが、住職は亡くなった場所も知りたかったようだ。しかし「灰色の建物」だけでは特定できない。大学生の記憶にリンクしていた高村さんもその映像を見たが、「東北の田舎ならどこにでもあるような建物」だったそうで、やはり亡くなった場所まではわからなかったという。

「悪さをしているんだって？　そんなことしちゃ駄目だ。行くべきところに行けなくなるぞ」

金田住職がそう言うと、大学生はそれを無視して突然「憎い！」と、身震いするような声で言った。

「え？」

「俺は憎い、俺を摑んだあいつが、憎い！」

「…………」。住職は黙って聞いていた。

「あいつさえいなければ、死なずにすんだのに……」

助かったと安堵して、流される家から屋根に出ようとしたら、どこの誰とも知らない男にいきなり摑まれて海に引きずり込まれた。死にたくなかったという強い思いが、どこの誰かも知れないその男への憎しみに変わったのだろう、彼はうずくまりながら体をぶるぶる震わせていた。

「憎くて、憎くて、しょうがない」

大学生は吐き捨てるように言った。

住職は大学生の言葉に耳を傾けた。しかし、話せば話すほど怒りがこみ上げてくるようだ。

「なんで俺が、なんで……。俺じゃなくてもいいだろ！　こんなにたくさんの人がいるんだから、なにも俺じゃなくても良かったはずだ」

何度も言葉を詰まらせながら言った。

実際、津波で家ごと流されたのに、家が壊れる寸前に流れてきた別の家に飛び移って助かった水産加工業者がいた。また、津波の渦に海底まで引き込まれ、浮き上がったらたまたま目の前に畳が浮いていた助かった僧侶もいた。あの日の生と死はちょっとした差だったのだ。

「下宿してたんだって？　家に帰っていたのか？」

「春休みだから帰ったんだ。たまたま、たまたま春休みに帰って、その日はたまたま用事がないから家にいて、そこにたまたま津波が……、みんなたまたまだったんだ。俺は運が悪かった。なんで俺なんだ！」

「自分を責めるのはやめなさい。あなたは死んだんだ。光の世界に行きなさい。いつまでもいたくないだろう、そんなところに」

「どこに行けというんだ？　俺にはもう帰る家がないんだ。こんなところにはいたくないけど、帰るに帰れないんだよ。ここは真っ暗なんだ」

彷徨う霊

それを聞いて僕は、「なぜ家がないと言うのだろう。家族のいる仮設住宅でもいいのではないか」と思った。高村さんは言う。

「この大学生があらわれた頃は8月で、亡くなった方の霊はみんな帰る家をさがしていたんですね。住職さんから『仮設住宅の仏壇には行かないのか？』と言われたので、『仮設には行かないようです』と答えました。『それは何で？』と訊かれたのですが、わたしもよくわかりません。ただ、自分が亡くなった場所や、(遺体を)見つけてもらった場所から動けなくなっている方(霊)が多くいると答えました」

「それでも帰ろうとするのですか？」

「みんな死にたくないんです。生きたいんです。こんなところにはいたくない。だから家に帰ろうとするんだけど、その家がないうえに、真っ暗で道がわからない。いわば迷子になって彷徨っている霊たちなんです」

「この大学生も彷徨う霊ですか？」

「たぶんそうです。どこかの道路か橋のような場所に佇んでいる大学生を見たことがあります。生霊でないかぎり、死んだ人の霊は生きている人を殺せません。せいぜい驚かせて事故を起こさせるぐらいです。でも、驚いた人がハンドルを切り損ねると死につながりかねません。大学生はそういうことをやっていたようです」

「何か目的があって生きたいんじゃないんですね」

「一度は助かったはずなのに、あいつが俺を掴まなければ死ななかったんだ、という気持ちが『死にたくない』につながってるのだと思います。でも、世の中の人間の大半は、この大学生と同じじゃないですかね？　生きる目的があって生きてる人は少ないと思う」

僕はそれには返事をせず、「なぜ地縛霊になるんですか？」と尋ねた。

「普通の大学生で、死ぬはずがなかったのに、あいつのせいで死んでしまった、あいつが憎い、というのに執着して地縛霊のようになっているんです」

その後で高村さんは意外なことを言った。「この大学生の訴えは理不尽でめちゃくちゃで……」と言ったのは僕もよくわかった。全くそうだ。が、その後でこう言ったのだ。

「彼は、わたしの本心にいちばん近かったのです」

「憎い」という言葉に共感

「えっ！」と、僕は驚いて返す言葉が見つからなかった。

「この大学生の気持ちが痛いほどわかりました。うずくまりながら『なんで俺が、なんで俺が』と煩悶しつつ、いろんな感情が噴出して体を震わせている大学生を見た時、共感できたというか、『お前はわたしなんだ』と思ったのです」

「大学生と似ているということですか？」

「世の中には霊能者のような人はいくらでもいます。その人たちに憑依すればいいのに、普通に暮らしていたわたしにどうして憑依するのか。なぜわたしだけがこんなにつらい思いをするのか。ずっと悩んでいました。彼らさえいなければ、普通に働いて普通の人生を送っていたはず。わたしに憑依する霊が憎かったし、許せませんでした。

彼らはわたしにとって加害者なんです。でも、それまでわたしが被害者だなんて、とても言えませんでした。そんな時にこの大学生があらわれ、いわば人間の本音を吐き出してくれたおかげで、わたしも被害者なんだと言えるようになったのです。

『憎くて、憎くてしょうがない』という大学生の気持ちが痛いくらいわかって苦しかった。これまで『憎い』という言葉がこんなにも腑に落ちることはありませんでした。もし、わたしが津波に呑まれて死んだとしたら、わたしの魂はきっとこの男の子と、同じことを言っただろうと思います」

この大学生が、たまたま誰かに海へ引き込まれて死んでしまったことに怒りを覚えていたように、高村さんも、なんでわたしだけにたくさんの霊が取り憑くんだと、自分の不運や憑依した霊に怒りのようなものを抱えていたのだ。大学生の「憎い」という言葉は、当時の高村さんの気持ちでもあったのだろう。

「彼を救いたい！」

これまで思ったことがないことを、高村さんはここで願った。今まで金田住職らに助けられてばかりだったが、誰かを救いたいと思ったのはこれが初めてだったという。

「死にたくない、生きたい！」

大学生は苦しそうに金田住職の前で悶えていた。

「足に鎖が絡みついたみたいに体が重い。ああ、動けない」

そんな大学生に住職は諭すように言う。

「光をさがしなさい。必ずあるから。あなたなら見つけられる。そして死を受け入れなさい」

「いやだ、死にたくない！　俺は死んでない、死んでないんだ！」

大学生は全てを拒絶するように大きな声で叫んだ。

「では、これからもずっとあの世とこの世の間を彷徨っているつもりなのか？」

「そんなの、いやだっ！」

泣きながら言った。肚《はら》の底から絞り出すような声だった。

「苦しくても良いから、生きたい……」

金田住職に懇願するように言ったが、住職はそれを振り払って言う。

「残念だけど、もう死んでるんだよ」

「ああ、必ず良い人間になる。なるから、だからお願いだ」

金田住職は黙って聞いていた。

「良い人間になって、世の中に役立つことをする。頼むから俺を殺さないで……」

「無理だ」

「絶対に約束する。良い人間になるから、俺を生かしてくれ、生きたいんだ」

「無理なんだ」

「なんで！」

「これは天地の理《ことわり》だからだ。あなたは死んだのだから死を受け入れなさい。それしかないのだ。この世に思いを残さないようにしなさい」

「そんなのいやだ、俺を殺さないで！　生きたいんだ、殺さないで……」

「あなたは受け入れるしかないんだ」

そんな押し問答がしばらく続いた。

これほど生に執着する霊はこれまでなかった。何が彼をそうさせるのだろう。まるで大学生の魂から、死を拒む凄まじいエネルギーが放出されているかのようだった。

それを聞きながら、高村さんは「未来があったはずの青年が、真っ暗な世界で、それも死体だらけの場所で『良い人間になるから、俺を殺さないでくれ』『あいつのせいなんだ』と泣きながら懇願している姿は衝撃だった」と言った。

金田住職との間でずいぶん長い押し問答が続き、ようやく大学生は死を受け入れた。とはいえ、死を納得したわけではない。死しか選択肢がないことを理解しただけだった。


「暗くて何も見えない」と大学生は不安そうに言う。

「明かりをつけてあげるから」と声をかける住職に、まるで礫《つぶて》を投げるかのように「俺は生きたいんだ！」と言った。

「名前はなんていう？　ちゃんと生まれ変われるように祈るから」

「名前？　名前は……、自分の名前さえわからないなんて！」

大学生はわっと泣き出した。

「人は名前を持って生まれてこない」

金田住職はそう言ったが、大学生は聞いていなかった。

「死んだら名前がなくなるのか？　俺の人生は何だったんだ！」

大学生は名前が思い出せないと言ってはまた泣き出した。彼が顔を上げると、ボロボロと涙を流しているのが高村さんにも見えたという。

名前を失って帰る家も見つからず、地縛霊となって彷徨う――。宮崎駿監督の「千と千尋の神隠し」に出てくる「ハク」を思い出す。名前を奪われて魔女の手先となっていたハクが、自分は「ニギハヤミコハクヌシ」であることを思い出したことで自分の世界を取り戻し、魔女の呪いから逃れるという物語だ。霊になっても、名前はその人の存在を示す道標なのかもしれない。

大学生は立ち上がれず、ずっと泣き続けていた。そして、思い出したように「生きたい、殺さないで」と懇願する。「これまでずっと頑張って生きてきたんだろう？　生まれ変わったらきっと役に立つから、あなたの行くべき場所を見つけて行きなさい」と金田住職に諭されて、光をさがし始めたようだが、子供のようにシクシクと泣いていた。「生きたい。良い人間になるから」と哀願するように言うが、読経が始まると、その声も次第に小さくなっていった。

高村さんも一緒に光をさがしたが、はるか遠くに見つけた光は、これまで見たことがないほど小さかった。なおも生き続けたいと願う大学生は、支えきれないほど体が重いようで、足を引きずりながら歩いていた。

それでも何とか光の前にたどり着いた。

光の世界を前にしても、「死にたいわけじゃない、どうにもならないから光の世界に行くんだ。いや、やっぱり生きたい。でもこんなところにはいたくない」と逡巡し、なかなか一歩を踏み出せない霊がほとんどだという。この大学生もそうだったから、最後は高村さんが彼の背中を押すしかなかった。

大学生をそっと光の中に押しやる時、高村さんはまるで自分を殺すような気分だったという。高村さんの手は、修験者がするように印を結んでいた。

遠くから聞こえてくる金田住職の読経の声がさらに大きくなった。

2 人の子供を残して亡くなった母親の無念

号泣する中年女性の霊

「英ちゃん、次いけるか？　それとも少し休むか？」

金田住職は、高村さんを気遣うように言った。

「大丈夫です」と高村さんは笑顔で返す。「今日は次の人で最後です。結構泣き叫んでいるので、また溺死からスタートだと思います」。

「それにしても英ちゃん、みんな（亡くなった人）さ、どうして仮設住宅に行かないんだろうな？」

「そうですね。なぜか仮設には行けないみたいです」

「そうか……」

不可解そうに言った。碩学《せきがく》の金田住職でもわからないことはあるのだろう。

本堂に行くと、高村さんは金田さんの合図で憑いていた霊を体に入れる。「入れる」と簡単に書いたが、これが今もってイメージできない。「蓋を開ける感じ」と言われたこともあるが、それも理解できなかった。そのことを高村さんに言うと、体を車にたとえてこう説明してくれた。座席が4席あるとして、本人が座る運転席以外に空席が3つあり、さらにドアが全開で鍵がかからない仕様になっている時が憑依されやすいそうだ。当時、空席はなく、ドアを閉め、鍵のかけ方も知っていたのに憑依されたから、どうにもならなかったのだという。しかし、それでも僕は理解できなかった。仕方がないから、人間の体にはあちこちに穴があるから、そこから侵入するのだろうと勝手に解釈してみた。でも、やっぱりおかしいと思ったので、匙《さじ》を投げてしまった。

この時、侵入してきたのは40代か50代の中年女性だった。

この頃になると、高村さんは自分の体が乗っ取られることにも慣れてきたせいか、まるでそれがルーティンのように手早く霊を受け入れるようになっていた。「レイプされるより、こちらからレイプさせたほうが早い。これじゃ魂の性風俗店みたいですね。お金がもらえないからブラックすぎるけど」なんて自虐的に言ったが、その言い方があまりにもあっけらかんとしていたので、つい笑ってしまった。

溺死の追体験中は、住職と住職夫人が交互に高村さんの背中をさすりながら、「大丈夫か？」「すぐに楽になるからね」などと声をかけてくれるのが、苦しげな呼吸をする高村さんの耳にもぼんやりとだが聞こえた。

やがて追体験が終わると、高村さんの肉体から魂が遊離する。

溺死の恐怖や苦しみは変わらないけれども、さすがに何度も経験したので、パニックを起こしたり、あるいは朦朧とした状態になったりすることもなく、すぐに意識を取り戻した。

金田住職が憑依した女性に話しかける。

「大丈夫ですか。ここがどこかわかりますか?」

女性は「わからない」と言いかけたが、すぐに「ゲボゲボ!」と海水を吐きながら顔をゆがめた。浜辺に打ち上げられたのだろうか、全身がびしょ濡れの状態で、髪の毛には海藻のようなものがへばりついていた。

落ち着くと、「わからない、わからない!」と狂乱したように叫んだ。

「自分が亡くなったことはわかりますか?」

女性は自分の死を理解しているようだが、ただ「うう……」と泣くばかりだった。

「あなたは亡くなったんですよ。わかりますね?」

「わあ~ーーー!」

地面を叩きつけながら、天に向かって号泣する。

「死を受け入れなさい。受け入れて、光の世界へ行くのです」

金田住職は言うが、女性は「行けない！　私は行けない！」と地面の上に手をついた。

そして振り向くと、金田住職を恨めしそうに見つめる。

「子供たちを置いて行けない。私は死ねない。あぁぁ、どうすればいいの？」

「お子さんがいるんですね。何人？」

「2人です。高校生と中学生」

「男の子？　女の子？」

高村さんは、本堂の畳の上に倒れて四つん這いになっている。

「どっちもっ！　わあぁ〜」

子供を残して逝けない

子供は高校生の姉と中学生の弟だった。

高村さんは、なぜかこの女性の容姿をはっきり覚えているという。

くすんだピンクベージュのようなコートを着ていた。フードが付いていて暖かそうだったが、今はそのコートからも海水が滴り落ちていた。もしかすると、濡れていない時のコートはもっと明るい色だったかもしれない、と高村さんは言った。

泣き続けている女性は50代に見えたが、海水に浸かったうえ、疲れた様子だったので実際は40代だったかもしれない。髪はうしろで低めに結んでいて、くせ毛なのかパーマをかけたのか、顔の周りにそんな髪の毛が張り付いていた。小柄でふくよかで、つい「お母さん」と呼びたくなるような女性だった。

コートの下に着ていた服装を見ると、津波に呑まれた時は仕事中だったようだ。

「女性が働いていた工場は沿岸部にありましたが、子供たちが通っていた学校や住んでいた家は、海岸から遠く離れていたので大丈夫だったと思います。ただ、子供たちが本当に生きのびたかどうかは確認できていません。わたしも彼女に伝えていません し……」

「えっ、伝えることができるんですか?」と僕は驚いた。

「できます。このお母さんに限らず、できます」

「へえ、どうやって伝えるんですか?」

「今、しゃべっている感じで伝えます。会話形式で伝えることが多いのですが、口には出しません。頭の中で言語化すると、向こうからも言葉が伝わってきます。基本的に霊はおしゃべりです。よく話しかけてきます。とくに生前に無口な人ほど、めちゃくちゃ話しますね」

テレパシーで交信するみたいな感じなのだろうかと、僕は想像をたくましくして聞いた。

もちろん高村さんの「交信」を否定するつもりはない。私事で恐縮だが、ずいぶん前に母が危篤だというので、最期を看取ろうと新幹線で実家に向かった。車窓から流れる風景をぼんやり見ていると、突然、母が僕の頭の中に語りかけてきたのだ。何が起こったのだろうと周囲を見渡したが、もちろん母はいない。しばらくすると、母が大好きだった島倉千代子の「この世の花」が聞こえてきた。驚くよりも、涙が溢れてきて止まらなかった。いわゆる「お知らせ」というものだろう。そんな体験をしていたので、高村さんの言うことが幻覚や幻聴のようには思えなかった。

「光の世界に去った霊とも会話できるんですか？」と、僕は尋ねる。

「直接の会話は難しいですが、その人が生きていた片鱗はこの世に残っていて、その片鱗とはなんとかコミュニケーションできます」

生きていた片鱗？　またもや異次元の言葉だ。

説明してもらっても、とうてい僕には理解できないだろうと思い、それ以上訊くのはやめた。

溺死したのだからひどい有り様だったのはもちろんだが、高村さんは、女性の手がとても荒れていたのが気になった。もしかすると、海辺の水産加工場などで仕事をしていたのかもしれない。

「上の子が男の子？」と住職は尋ねる。

「上がお姉ちゃんで、下が弟……。あぁぁぁ、置いて行けない！」

「天から見守ってあげなさい」

「できない！　あの子たちはどうなるの？　子供には親が必要でしょ！」

住職夫人はそっと女性の肩に触れると、「みんなで育てるから安心して。心配いらないからね」と、包み込むように言った。

「あの世に行くか、この世とあの世の間を彷徨うか、どっちが良い？」と住職は問いかける。

女性は、「わあ〜！」と声を上げたかと思うと、「私は行けない、やっぱり子供たち置いては行けない」と何度も何度も住職に訴えた。

子供を何としてでも守りたいと言う母親に、あなたは死んだのだから諦めてあの世に行きなさいというのは酷に違いない。たとえそれが天と地の理であったとしても、受け入れがたいのは当然だろう。それでもなお、納得してもらうしかなかった。

「父親はどうしたんだ？」

「離婚して、1人で育てていました。だから、私がいなくなったら……」と、また声を押し殺すように泣いた。

思い出す生前の光景

女性は、子供たちがまだ小さい時に離婚した。それから、少なくとも10年は経っているようだ。夫は働いても家にお金を入れず、酔っては妻や子供に八つ当たりして暴力を振るう男だった。子供のためにも離婚したが、かといって養育費を入れてくれるような男ではなかったから、これまで彼女は女手ひとつで2人の子供を育ててきた。

子供たちは、この女性にとって夢のかたちであり、唯一の宝物であった。それなのに、子供たちは彼女がいなくなれば、明日にも暮らしに困るかもしれない。そう思うと、やすやすと死を受け入れられなかったのだろう。

この姉弟のように、親を津波で喪って孤児となった子供たちは、東日本大震災で少なくとも200名を超えたといわれる。もちろん親切な親戚に引き取られた子供もいたが、親の遺産や保険金ほしさに遺児の後見人になる親戚が後を絶たず、トラブルになっていることを被災地でたびたび聞いた。

逆にこの女性のように、財産らしきものもなければ、子供たちはどうなるのだろうかと、つい気になってしまう。無条件に霊の言葉を信じるつもりはなかったのに、この変化は我ながら意外だった。

高村さんは女性の記憶と同期したのか、母と子供たちの生活の一端が見えていた。

中学生の弟は反抗期らしく、怒った表情でなにやら女性に怒鳴っている。食事がどうのこうのと文句をつけているぐらいだから、たいした内容ではないようだ。姉は制服を着ていたが、弟はジャージだった。学校から帰って着替えたのかもしれない。普通の、どこにでもある光景だ。この映像が正確にいつの記憶かわからないが、1ヵ月も2ヵ月も前ではなく、東日本大震災が起こる2、3日前のようだという。

母はパートを掛け持ちしていて、学校から帰った子供たちのために夕飯の準備をしたところだろうか。これから夜勤の仕事に出ようとしたところで、弟がなにやら言い始めたようだ。母がそれに答えようとすると、弟は無視して、勝手にご飯を食べ始めた。彼女はほとほと呆れていたが、いつものことらしく、たいして気にはしていなかった。姉は、後で食べるからと言って母親を見送った——。


高村さんは、女性が思い出すこんな家族の光景を語ってくれたが、ありふれたごく普通の様子なのにちょっと驚いた。死んだ後に思い出すのが、どうしてこんな平凡な光景なのだろうか。期待外れというか、何となく違和感が残った。

「これが彼女の生前の印象的な記憶なのですか？　死ぬ前に息子と怒鳴り合ったことが気になっていたから？」

僕は高村さんに訊いた。

「せっかく思い出すなら、もっと楽しかったことや、子供が可愛かった時のことを思い出せばいいのにと、わたしも思うことがあります。でも、亡くなった皆さんが思い出される家族の映像は共通していて、何気ない日常なんです。どこの家庭でも、こんなやりとりはあったんだろうなと思うような場面です。妊娠して走れなかった女性も、自分の旦那さんとしゃべっていた映像は、何気ない日常のシーンでした。伝えたいメッセージは住職さんに伝えましたが、亡くなった方が思い出す記憶の映像は、津波に呑まれる瞬間か、そうでなければ家族の平凡な日常のシーンがほとんどでした」

そういえば、かつてがんを患った方から亡くなる前に話を聞いた時も、平凡な日常の一場面をよく語ってくれた。人生でいちばん印象に残っているのが、意外にそんな場面だったことに驚いたが、でも、よくよく考えてみれば、家族が平凡で平和に過ごした記憶ほど、死に逝く人にとって大切なものはないのかもしれない。

「この女性はどういうふうに亡くなったのですか?」

「残念ながら、どういう場所でどういう亡くなり方をしたのか、見えませんでした」

霊をそっと押し出す

女性の方を見やると、何やら不安そうにオロオロしている。

金田住職が安心してあの世に行きなさいと言うのを聞き入れたように見えたが、子供たちのことが頭に浮かぶと、どうしても諦められないのだろう。

「子供を、子供を残していくことほど、無念なことはありません……」

住職にすがるように言った。

「みんなが見守ってくれています。みんなが育ててくれます。あなたは心配しないで、安心して光の世界に行きなさい」

住職は根気よく言い続けた。すると、女性はいきなり堰を切ったように「わぁ〜!」と泣き崩れた。

「自分の子供たちを信じなさい。必ず乗り越えていくから」

女性は小さな子供のように泣き続けたが、ようやく落ち着いたらしい。それを見計らったように金田住職の読経が始まった。

人の波をかき分けながら、高村さんは女性と一緒に光の方へ向かっていく。

女性は力が入らないのか、引きずられるように動いた。行きたくないと、子供のように駄々をこねる女性を、高村さんはさりげなく光の方へ向かわせる。

光の前まで来て、ようやく諦めたようだ。それでも「行けない」とつぶやく女性の背中を、高村さんは風に触れるようにそっと押し出した。

果てのない議論より問題解決が先

金田住職がこの女性を説得するのに、「(あなたの子供は)みんなが育ててくれる」と言った。これを聞いて、なんて無責任な、と思われるかもしれない。しかし、住職の目的は、憑依されて苦しんでいる高村さんを普通の状態に戻すことにあるのだから、この女性に光の世界へ行ってもらわなければ問題は解決しない。それには、たとえ方便であろうと、霊に納得してもらうしかないのだ。

僕は金田住職にこんなことを訊いたことがある。「除霊の儀式で、住職が霊の存在を認めるか認めないかは重要なんですか?」と。するとこう言った。

「彼女（高村さん）がいるといえば、（霊は）いるんです。霊のことは検証できないし、結論のない話をしてもしょうがないでしょう。果てのない議論になってしまいます。それよりも現象として捉えます。最初にやらなくてはいけないのは、苦しんでいる彼女をどう助けるかです。

私は霊能者でもエクソシストでもありません。彼女を普通の状態に戻してあげたい、その一心です。真実か真実でないかではなく、困っているなら解決方法をさがしましょう。塩おにぎりをほしいと言うなら、塩おにぎりをつくって与えましょう、ということです。それって証拠のある話ではありませんね。でも、良くなったら、それでいいんです。方法はどうであれ、彼女を普通の生活に戻すことが私の役目なんですから」

「確かに、失恋で悩んでいる人に、あなたは恋を信じますかと言うようなものですね」

「あなたは花を見ましたかと言われたら、見ましたと返しますが、あなたは見た花を信じますかと言われても、何て答えたらいいかわかりません。そのレベルだと思います」

「霊が存在するかどうかの問題ではないのですね」

「彼女の場合は憑依です。それを受け止めるということは、彼女に起こったことを認めるということです。彼女には最初にこう言いました。これは精神疾患でもないし、あなたを絶対に精神病にしない。これはあなたの個性がなせる現象だから、それを全部受け入れます。だから安心しなさい、と。霊がいるとかいないとかではなく、起こったことは全て私が引き受けますよという立場ですね。解決方法はそこからさがすんです」

それにしても、金田住職が「光の方へ」と言えば、なぜ憑依した霊はさほど強く抵抗することもなく、嫌々ながらでも光に向かうのだろうか。僕は「お坊さんなら誰でもできるのですか?」と尋ねた。

金田住職は、ただニコニコ笑っていた。

この日は、憑依した霊の名前を訊かれなかったせいか、高村さんの帰り道は、これまでの中でいちばん体が楽だったという。

福島原発で亡くなった男性が訴える家族への心残り

これまでとは違う霊

ここまで高村さんに憑依した11体の霊について述べてきたが、これは彼女に憑依した霊の一部であって、実際はその倍以上の霊が彼女に憑依している。

その全てを金田住職の手で除霊してもらったのだが、実のところ、金田住職の手を借りなければ除霊できなかったのはこの10ヵ月間だけだった。

憑依されること自体は彼女にとって珍しいことではなかったらしく、それ以前の彼女なら、憑依しようとする霊を追い返したりコントロールしたりすることができていた。たとえ体に入って来たとしても、この時期のように彼女の魂が外に出されることはなく共存できていたそうである。また時間はかかるが、自分でお経を読んだりして、憑依した霊を追い出すこともできた。イニシアチブは常に彼女が握っていたのだ。

ところが、2012年6月から翌年の3月までは、なぜか全くコントロールができなくなってしまったのだ。その理由については彼女にも確かなことはわからないのだが、いずれにしろ、除霊の儀式は終盤を迎えようとしていた。

金田住職の儀式で「光の世界」に送り続けていると、慣れも手伝って次第に流れ作業のようになってくる。死者とリンクした時に、相変わらず死者が抱える恐怖や絶望が伝わってくるのはつらかったが、最大の苦痛だった死を追体験することに抵抗がなくなっていた。

なにしろ、儀式を終えて焼香すると、「ハイハイ、じゃ、次行きますか」などと軽口を叩くこともあって、金田住職が目を白黒させたこともある。ところが、今回はそれまでとは少し違っていた。

悶絶する死の追体験

「今度の人、つらそうです」と、高村さんがため息をつく。

事前に彼女から、30代前後の男性で、防護服のような白い服を着て働いていたと聞かされていた金田住職は、「福島原発で働いている人?」と尋ねた。

「そこまでわかりませんが、訴えも激しくて苦しんでいます。大変そうです」

「わかった。よし、やるべ」と住職が立ち上がると、そばにいた住職夫人が「英ちゃん、頑張ろうね!」と声をかけた。夫人にとって何がつらいかといえば、当時まだ20代半ばの高村さんが、悶絶しながら死んでいくところを見せられることだった。

毎回、かわいそうで見ていられず、本当に死んでしまうんじゃないかとオロオロするほどだから、励まさずにはいられなかったのだろう。

「嫌だなあ……、じゃ、入れます」

突然、高村さんが四つん這いになって苦しみ始める。喉元を押さえながら悶絶する。まるで窒息死するかのようだ。畳に左手の爪を立て、何度も引っ掻いた。

「苦しい〜！」

体から絞り出すような声だった。その時、突然、寺の境内を強いつむじ風が通り抜けた。なにか不吉なことが起こりそうで、儀式を見守る人たちは思わず身震いする。

一瞬、本堂が静まり返って音が消えた。

「おえぇぇ〜、吐きそうな感じ、だけど、なんか……うえぇ！」

いつもえずくところからスタートすることが多いのだが、実際に吐いたことはなかった。しかし、今回は、いつもと様子が違った。

「英ちゃん、吐きそうなのか？　溺死じゃないのか？」

金田住職も住職夫人も、何が起きたのかわからず困惑していた。

それを聞いて僕も困惑した。いつもなら溺死であったり縊死《いし》であったり、霊の死を追体験するところから始まるのに、この時は死ぬ前の場面から追体験が始まったのだ。高村さんの意識もあったようで、「憑依はさせたのですが、まだ死んでいないので、わたしの意識が残っていたんです」と言った。もっとも高村さんによれば、金田住職の助けを借りる前はこれが普通だったという。

経験したことがない苦痛

何度も吐こうとするが、えずいても何も出なかった。次第に体から力が抜けていく。溶けていくような感覚で、自分の体も支えられない。倒れると思った瞬間、両脇を誰かに支えられるのを感じた。

頭が痛くて割れそうだった。全身が熱くて燃えそうだと思ったら、今度は寒くて震えそうになった。失禁したかもしれないという。

意識は朦朧としていた。突然、ボコッと音を立てて足が上下に跳ねるのを感じた。どうも両脇を抱えて引きずられている途中で、何かに足が引っ掛かったようだ。周りから声をかけられるが、何を言っているか理解できない。

いつもなら体から離れた彼女の魂が、死者を俯瞰《ふかん》しながら観察できるのに、この時はそうじゃなかった。彼女の視点ではなく、死に近づいていた男の視点だったから、ぼんやりとしか見えず、何が起こっているのか判断できなかったのだ。

吐きそうな感覚が周期的に襲ってくる。相変わらず口からは何も出ない。なんでこんなに苦しいのだろう。全身が痛くて尋常ではないだるさ、そして何とも言えない苦しさを、高村さんはこう語っている。

「なんだろう、この苦しさ。本当に言葉にできないんです。これまで経験したことがないものでした。身の置き所がないというか、全身を襲う苦痛が永遠に続くのではないかと思いました。トラウマになりそう」

白い防護服姿の男

ドスンという振動が背中から伝わってくる。ストレッチャーかテーブルのようなものの上に横たえられた時の衝撃だった。苦痛は途切れなく続いていた。

周りで誰かが叫んでいるが、その声が鼓膜に刺さってくる。少し黙ってほしいと思って薄く目を開けたら、自分が仰向けになっているのがわかった。「たぶん、担架のようなものに乗せられて運ばれていたのかもしれない」と高村さんは言う。苦しかったが、この苦しさをうまく表現できる言葉が見つからなかった。あえて言えば、「高熱が出ているのに寒くて暑くて頭が痛くて、全身が痛いようなだるいような、インフルエンザに罹《かか》った時のような感じかもしれない」と言った。

男の意識が薄れ、目もほとんど見えなくなっていたから、高村さんにも周囲にどれぐらいの人がいるのかよくわからなかった。

一般的に死の間際になると、死に逝く人は意識の消失と共に視覚や味覚が消え、やがて嗅覚、そして触覚が薄らいでいく。しかし、五感のうち、聴覚だけは最後まで機能しているといわれる。

この若い男も目はほとんど見えなくなっていたが、やはり聴覚だけは残っていたらしく、仲間らしい人たちから「大丈夫か」とか、男の名前を呼んでいる声が高村さんにもかろうじて聞こえた。

「頭が痛い！」と叫びそうになった瞬間だった。いきなり口から吐瀉物《としゃぶつ》が飛び出した。高村さんは、いや男は「誰か、首を横に向けてくれ」と思った。

白い防護服のようなものを着ていて、フィルターのついた放射線遮蔽シールドのようなものをかぶっていたのに、その中へ吐いてしまったのだ。「早くしないと窒息死してしまう」と男は朦朧とする中で思っていた。

だが、周りにいる人たちは、誰も彼が吐いたことに気づいていない。

まだ若い、こざっぱりした顔立ちが、すっかり吐瀉物で汚れてしまった。高村さんはこの匂いも感じるらしく、「逃げ出したいほど気分が悪かった」という。

白い防護服、フィルターのついたシールド、そして死、となれば東京電力の福島原子力発電所しか思い浮かばない。

「早く死んでくれ！」と願うほどの苦しみ

僕は「この人がどこにいるか、周りの風景は見えませんでしたか？」と高村さんに尋ねた。すると「ほとんど見えませんでした。具合が悪すぎたこともありますが、死んでいく人に風景まで見る余裕はありませんからね」とあっさり否定された。ただ、と言う。「あくまでこの男性の目線なので、これまでとは違って、彼に起きていることの臨場感はすごかったです」。

臨時の処置室なのだろうか、テントのようなところに運ばれると、医療者らしき人たちが「早く顔を横に向けろ」と叫んでいるのが聞こえた。

かぶっていたものを剝がされると、今度は何度も何度も吐いた。胃液しか出ないのに、それでも吐き続けた。

あまりにも苦しくて意識がまた飛びそうになる。リンクしている高村さんが、思わず「早く死んでくれ！」と叫びかけたほどだ。なんともいえない苦しさに、男の意識は消え入る炎のように薄れていった。高村さんは言う。

「不思議なんですが、この後で救急車に乗せられて運ばれたはずなのに、サイレンは一切鳴りませんでした。連れていかれた先に処置室みたいな部屋があって、そこで待っていると、他にも同じような病人が何人もいましたね。この男性1人じゃなかったんです。彼らは順繰りに運ばれているようでしたが、待っている間も、やっぱりサイレンのようなものは聞こえませんでした」

本堂で起こった不思議な現象

金田住職の声が聞こえてくる。高村さんが意識を本堂に切り替えると、住職は彼女の体を乗っ取った男に話しかけていた。

「苦しい、苦しい！　ハァハァ」

男は息も絶え絶えに、何度も苦しいと訴えた。男とリンクしている高村さんも、やはり息絶え絶えだった。

「大丈夫か？　何が起きたんだ？」

金田住職は男の背中をさすりながら尋ねる。

「仕事をしている時に、急に……」

「地震で何かが倒れたのか？」

すると男は首を横に振った。

「地震じゃない、こんなのは聞かされてなかった。安全だと聞いていたのに……。みんなで仕事をしていたんだ……。ウッウ〜ッ、苦しい、なんとかしてくれ」

「どこで働いていたんだ？　何が見える？」

「白い……」

「白い？　防護服だな？」

「そうだ、それだ！」

防護服と聞いた途端に、朦朧としていた男の意識がいきなり明瞭になったようで、それまでとは違った声音で叫んだ。

この時、不思議なことが起こったと、儀式を見守る人たちが証言している。いきなり通大寺の本堂の窓ガラスがビリビリと激しく振動したのだ。どんなに声を張り上げても、本堂の窓ガラスが震えるわけはないし、これまでもそんなことはなかった。

その場にいた人たちは怖々《こわごわ》と周囲を見回した。「なんだ、あれは？」「怖いね」「気味悪いなあ」などと、ひそひそ囁《ささや》く声が聞こえる。まるでポルターガイストのような現象だったが、ただ幸いなことに、それ以上のことは起こらなかった。

霊の心残り

男は、少しずつ意識が戻ってきたようだ。

「防護服を着て働いていた……」

「倒れたのか？」

金田住職は、福島の原発で働いていたのなら、あの時のメルトダウン（炉心溶融）によって引き起こされた水素爆発で倒れたとしても不思議ではない、と思ったのだろう。しかし、男は事故直後の記憶が飛んでいるらしく、不安そうに言った。

「わからない、わからない……。ここはどこだ？」

「あなたはどこにいたんだ？　大きな建物の中なのか？」

男はそれには答えず、ただ苦しさを訴えた。

「ああ、吐いても、吐いても苦しい。体が、重い。いつまで続くんだ！」

「何が起きたんだ？」と言う金田住職を、男は藁をも掴むような眼差しで見詰める。

「何が起きたかわからない。聞いてばかりではなく俺に教えてくれ！　ここは病院じゃないのかよ⁉」

「ここはお寺だよ」

「お寺？　なんでお寺なんだ。頼む、病院に連れていってくれ！　苦しい」

「それはできない。あなたはもう死んでいるのだから……」

「……死んだ？」

「そうだ。あなたは死んでいるんだ。思い出しなさい」

「うっ、あの時か……、あの時、死んだのか？」

「そうだと思う」

「あいつはどうなるんだ」

「あいつ？」と、金田住職がそう言った途端、高村さんの魂がポコッと外に放り出されたと高村さんは言う。この時、男は死を迎えたのかもしれない。

「事前にある程度予想はついていたが、こんな責め苦の中に長時間放り出されるとは思わなかったから、早く死んでほしいと祈るような気持ちだった」と高村さんは言う。

男が語る妻と子供への思い

「死ぬ前の追体験は他の方でもあったのですが、この人の場合は苦しみ続けて死ぬまでがすごく長かったんです。住職さんとのやりとりもすごく時間がかかったと思います。早く死んでほしいと思うのですが、わたしにはどうすることもできなかった。ただただ、苦痛だけが続いていました。ようやく意識がぼんやりしてきて、やっと死んでくれそうだと思ったら、突然、外に放り出されたんです。そこは、いつもの真っ暗な世界でした」

高村さんの魂は建物の中を見ていた。そこは病院ではなかった。一時的に設《しつら》えた避難所かもしれない。テントからここへ運ばれてきたのだろう。建物の内部はシンプルで、それまでは倉庫に使っていたような雰囲気だった。

それにしてもうるさい。アラームのような音があちこちで鳴っている。放射線量をモニターする線量計だろうか。そのたびに人の声がざわざわと聞こえてきた。

「妻はどうなる！　子供も生まれるんだぞ！」

高村さんの体を乗っ取った男の霊が金田住職に怒りをぶつける。

「この世に残した奥さんが気になるか？」

「死んだなんて言うなよ、なんとかしてくれ！」

死んで苦しみがなくなると、男は苛立《いらだ》ちを金田住職にぶつけた。

「子供はいつ生まれるんだ？」と金田住職が返す。

「夏だ。夏には……」

「夏か。……もう生まれてるな」


このやり取りは２０１２年11月のことだ。男が死んだのはその前年だから、それから１年以上も時が経っていることを知らなかったのだろう。金田住職のひと言で気づいたらしく、しばらく絶句した後、今度は顔をくしゃくしゃにして泣き出した。

「ちゃんと行くところに行かないと子供を守れないぞ。子供はみんなで育てていく」

「いや、俺が育ててやりたい」と言いながら男は嗚咽をこぼす。

「それは無理だ」

「俺の子供なのに、どうしてなんだ」

こんな押し問答がしばらく続いた。

それを聞いていた高村さんは、表現やイントネーションから「標準語でしゃべっていましたが、西日本寄りの言葉でした。関西弁ほどではなく、おそらく愛知か静岡あたりから出稼ぎに来ていたのでしょう。死ぬってわかっていたらこんなところに来なかった、みたいなことも言ってました」と言う。

中部地方から出稼ぎに来た男なのだろうか。出稼ぎに出るかどうかで妻と少し揉めたが、家を出る前から、男は子供が生まれるのを楽しみにしていたようだと高村さんは言う。

「頼むから生き返らせてくれ！」

「仕事中に倒れたのか？」と金田住職が尋ねた。

東日本大震災で福島原発が津波に呑まれて全電源を喪失したが、メルトダウンだけは阻止しようと集められた作業員の１人だったのかもしれない。

「具合が悪くて……たぶん、運ばれた。まだ余震が続いていた……。頼む、俺を大きな病院に連れて行ってくれ、お願いだ」

「無理だ。あなたは、もう亡くなったんだ」

「俺を生き返らせてくれ！　子供が生まれるんだ。俺の子なんだ。俺が抱くんだ」

嗚咽をこらえながら訴える。

「死んだ人が行くところがあるから、あなたもそこに行きなさい」

「このままじゃ嫌だ。頼むから生き返らせてくれ！」

「それは無理だ。生き返らせることはできない」

「うあぁぁ〜！」

「あなたには行くべきところがある。そこへ行きなさい」

「こんなところからじゃ行けない」

「和尚がちゃんと連れて行ってやる。だから自分の死を納得しなさい」

「うあああ！」と全身を震わせて慟哭すると、再び本堂の窓ガラスが大きな音を立てて震えた。全員が緊張する。顔を見合わせるが、口を開く者はいなかった。

「子供は地震で死なせないでくれ」

住職も不憫に思ったのだろう、「男の子が良かったのか、女の子か？」と尋ねる。

「どっちでも良い。元気に生まれて来るならどっちでも良いんだ。俺は、俺はどっちが生まれて来るのか、楽しみにしてたんだ」

男は出稼ぎに出る前のことを思い出していた。胎児が写ったエコー画像を見ながら、奥さんと笑っている映像が高村さんに見えた。

生まれてくる子供の性別はわからなかったが、それならいっそ、生まれてくるまでの楽しみにして、医者には積極的に訊かないようにしようと、そんなことを夫婦で語り合っていた。

「じゃあ、これからあなたを光の世界に導くためのお経を読むぞ」

「俺の子供は地震で死なせないでくれよ」

「わかった」

「息子か娘かもわからないなんて、俺は親失格だ」

「そんなことはない。親なら、あちらの世界から見守ってやりなさい」

金田住職の読経が響き始めると、そばにいた住職夫人がそっと男の手をとった。男は、自分の妻の手だと思ったのだろう。

「出産に立ち会ってやれずにすまなかったなぁ。お前たちを守ってやれんで、本当に悪かった。心細かっただろうなぁ」と染み入るようにつぶやいた。

住職夫人は「大丈夫だよ」と、優しく声をかける。住職夫人が霊の妻役を演じるのは今回が初めてだった。「大事な子供を地震で死なせないでくれよ」と、再び男は「妻」に言い残すと、その場はしんと静まった。

高村さんからは、背の高い痩身《そうしん》の男性が、遠くに見える小さな光に向かって歩き出すのが見えた。この男も、やはり足取りは重そうだった。

それでも光に近づくと、温かい風のようなものが感じられるようになった。

ようやく諦めたのか、穏やかな表情になった男を、高村さんがそっと光の向こうへ押しやった。男は一瞬にして黄金色に染まり、そして消えた。

合理的な世の中が失ったもの

憑依が解けて高村さんが焼香を終えると、儀式を見守っていた女性が大粒の涙を流しながら啜《すす》り上げているのを見て、思わず高村さんの方から「大丈夫ですか」と声をかけた。女性はびっしょりと濡れたハンカチを手にしていた。隣にいた男性も言葉少なく、眼を潤ませてじっと前を見つめていた。高村さんはといえば、まるでひと仕事終えたかのように明るく振る舞っているのが対照的だった。

居間に戻った金田住職は、「やっぱり2万人という数字じゃないんだな。一人ひとりが事情を聞いてほしいんだ」と、誰に言うともなくつぶやく。

住職夫人も深くうなずいて言った。

「出てくる人はみんな自分が死んでいることを、本当は理解しているのよ。ただ、悔しさを聞いてほしいんですね。死にたくなかったっていう気持ちを聞いてほしいんです」

金田住職はしばらく瞑目すると、「なんか、世の中があまりにも合理的すぎるんだよなぁ」と高村さんの方に向かってため息まじりに言った。

合理的に判断することは重要だが、本来は様々な価値観の中の一つに過ぎないのに、今や絶対無二のように思われている。まるで信仰のようだ。おかげで非合理的なことは次から次へと排除され、それが僕たちを生きづらくしているのではないか。

高村さんが、多くの霊に憑依されたことで、自分が病気ではないかと悩み続けたのも、合理的でないことを否定する世の中がそう仕向けたともいえる。金田住職はそんなことを言おうとしたのかもしれない。

ちなみに、福島第一原発事故で、事故から1年以内に、同原発に勤務していて死んだ東京電力社員とその下請け社員は、少なくとも6人いると報じられている。しかし、これらの情報は公開されていない。

「父より先に死んだぼくは、地獄に落ちますか？」12歳の祈り

カミングアウトの動機

高村さんは、以前に自分の体質をカミングアウトする背景には2人の男の子の憑依体験があったと語っていたが、その1人が「おにぎりが食べたいと言った男子高校生」だとすれば、もう1人は誰だったのだろう。ずっと気になっていた。

「もう1人の男の子というのはどういう子だったんですか？」

僕が尋ねると、彼女は柔和な表情を浮かべた。憑依された体験を話す際、露骨に嫌悪の表情を見せることが多い彼女だが、この時ばかりはそんな気配を寸分も見せなかった。きっとその体験には、過去の憑依とはまるで違った印象があるからだろう。

「12歳で小学校の卒業式が終わったあと、中学に入学する直前に震災で亡くなった男の子でした」と彼女は言った。

「いつ頃憑依されたのですか？」

「その男の子は震災で亡くなった方（霊）たちの最後の方に出てきましたが、この子だけ

はちょっと違うんです。あの10ヵ月間に30人以上の大勢の死者がわたしの体に入りましたが、いわばそのトリを担ってくれた子でした。あまりにも地味だったので、住職さんも覚えていないかもしれませんね。でもわたしは逆に、あの子がいたからこそ、一歩前に踏み出せたんです。わたしの体験を人に語ったり、似たような体験で困っている人に、わたしなりに提案できたらと思うようになったのは、その男の子がきっかけでした」

「魂の存在はあると思わせてくれた」もう1人の男の子

「おにぎりを食べた高校生とは別ですよね？」

「そうです。この男の子は、高校生の子があらわれた翌年ですね。あのおにぎりの高校生は、自分は病気じゃないと思わせてくれました。あのおにぎりの味は嘘じゃないと断言できたからです。ところが、その後で津波で死んだ人たちがドカドカと入ってきて、やりたい放題のことをするのを感じて、やっぱり自分は病気なんじゃないかという思いが強くなっていたんです。

でも、あのおにぎりの高校生の件があるし、どうしたものかと迷っていた時に、やっぱり魂の存在というか、死者の存在はあるんだと思わせてくれたのが、この12歳の男の子でした」

「どんな男の子だったんですか？」

「めっちゃいい子でしたよ」と彼女は満面の笑みになる。

「それまでの人は、レイプだと言ってもいいほど、わたしの体を使って勝手放題をしたのですが、その男の子は一切そういうことがなくて、わたしの体に入った経緯もそれまでとは全く違っていました」

経緯が違っている？　そんな僕の疑問など吹き飛ばすほど言葉が躍っていた。

「お寺に行きたい」

年が明けて1ヵ月ぐらい経った頃だというから、2013年の1月か2月だろう。憑依にも時期があるのか、春の彼岸から秋の彼岸まではよく憑依されたが、秋の彼岸を過ぎると通大寺に行く回数が一気に減ってきた。いわばオフシーズンのようなものだが、12歳の男の子の霊があらわれたのはまさしくそんな時期だった。

「ある日、犬の散歩を終えて帰ったら、家の中にその男の子がいたんです。霊がいるのはもう日常茶飯事だったので驚きもしません。男の子は学生服を着ていたので中学生だと思いました。でも、あれ？　どうしてわたしの体に入って来ようとしないのだろう。へんだなぁ。ただ、そこにいるだけなのです。すごく静かで、おとなしくて……。

住職さんにまたご迷惑をかけるのは嫌だと思っていたので、そのうちいなくなるまでシカトしようと思っていたのですが、なんというか、あまりにも行儀よく、良い子だったので、ついわたしの方から声をかけてしまったのです。震災の霊なら、必ず何かを訴えたいから入って来ようとするのに、そうしないのがとても不思議でした。

『さっきからそこにいるけど、どうしたの？』

すると『お寺に連れて行ってください』と言うんです。『わたしでは駄目なの？』と尋ねると、『はい、和尚さんに話を聞いてほしいんです』と言うのです。申し訳なさそうに言うところが、これまでの震災の霊たちとは大きく違いました。

ちょうどその時、別件で住職さんに会う約束をしていましたので、とりあえず、その男の子をお寺に連れて行くことにしました。

この頃になると、また自分で（憑依を）コントロールできるようになっていたので、通大寺には自分で車を運転して行きました。本堂に行くほどでもなかったので、たしか本堂の横手にある陽が燦々《さんさん》と降りそそぐ小部屋で住職さんに会った記憶があります。その子には、わたしの体を貸すから住職さんに相談するといいよと伝え、住職さんにはこういう男の子がいることを説明して、話を聞いてほしいとお願いしたのです。

これまでの霊のような不平不満はいっさいないし、横柄な態度も見せたことがありません。もしわたしが、本当に解離性同一性障害（多重人格障害）のような病気なら、こんな素直でいい子は絶対につくり出せないと思ったのです」

なんだかおとなしくて真剣そうな男の子の表情が浮かぶ。

「親不孝したぼくは、地獄に落ちますか？」

この日の高村さんは、除霊の儀式をするためではなく、個人的な用事があって通大寺にやって来たのだが、到着するとまず金田住職に男の子のことを伝えた。

「すごく行儀のいい男の子が、住職さんに話を聞いてほしいんだそうです」

そして経緯をおおまかに説明すると、金田住職はこれまでの霊たちとは違うとすぐにわかったらしく、「本堂でやらなくても大丈夫そうだな」とつぶやき、2人は本堂の横手にある「位牌堂」に向かった。

小さな部屋はやわらかい光に包まれていた。2人は向き合うと、いつものように住職の「英ちゃん、やれっか？」のひと言から始まった。

「男の子を入れるのは本当に楽でした。これまでのようにドンと押し出されるような感覚もなければ、溺死したり無理やり魂を剝がされたりすることもありません。まるでドアを開けるような感覚で、なにもかも異質だったのです」

いつもは肉体から放り出されると真っ暗な世界だったのに、この時は明るく、住職の姿もはっきり見えたという。今までとは全く違った映像だったそうだ。

「和尚さんに話を聞いてほしいんだって？　どうした？　聞くよ」と住職が言うと、それまでおとなしくしていた男の子がいきなり泣き出した。顔をくしゃくしゃにしてすすり泣きながら、とぎれとぎれの言葉を必死につなぎ合わせようとしていた。

「自分は父子家庭だというんです。今も鮮明に覚えているのですが、ちゃんとした仏壇を買うお金がなかったのか、あるいは震災で手に入らなかったのか、仮設住宅には、座卓の上に簡単なお仏壇が置かれ、そこに骨壺や写真、花、食べ物などが所狭しと置かれていました。横の壁には、2011年4月から男の子が着る予定だった制服が吊るされていました。お父さんは仏壇の前に座ると、話しかけるでもなく、お線香をあげたまま動かないのです。それを男の子はじっと見つめていました」

「男の子は仮設住宅にいたわけではないのに、なぜ仏壇が見えたのですか？」と僕は言った。

「どこかで仏壇を見たのでしょう。それを思い出していたのだと思います。その映像は、シンクロするようにわたしにも見えるんです。映画館に入って、同じ映画を2人で見ているイメージといえばいいでしょうか。

シンクロといえば、コントロールができなかった時期は、首を吊って亡くなったり、溺死したりした人がいると、わたしも同じ苦しさを経験しました。終わってみると、亡くなった方たちの、何とも言えない嫌な体験が残っていることがよくありました」

僕は、12歳の子が緊張しながら訥々と語る様子を思い浮かべた。

「彼は言うんです。『お父さんは、朝どんなに仕事が早くても、ぼくのためにご飯をつくってくれました。だから寂しい思いをしたことはありません。父子家庭だったことも不満に思ったことはありませんし、自分が津波で死んだことも納得しています。だって、お父さんは今もぼくのことをちゃんと供養してくれているんだから』と。そして、父子家庭だからって、これまで嫌だと思ったことはないと、重ねて言いました。

それを聞いていた住職さんは、『いいお父さんだなぁ』としんみりつぶやくと、男の子は泣きながら『うん』と言ったのです。そして住職さんに尋ねました。

『ぼくは地獄に落ちますか？　こんな親不孝をしたぼくは、地獄に落ちますか？』

男の子が泣きながら何度もそう尋ねているのが見えました」

涙でくしゃくしゃにした顔で尋ねる男の子を見た高村さんは、仏壇の前で肩を落としながら、これからどうやって生きていこうかと2年近くも途方に暮れているお父さんに、この子の思いを何とか伝えてあげたいと、無性に思った。

これまで、子供であれ大人であれ女であれ男であれ、憑依されている間、霊の姿は見えても、金田住職の姿が見えたことはなかった。ところが、なぜかこの男の子の時だけは、語りかける金田住職の姿が見えていたという。

「寺の子になりたい」

「お父さんは仮設住宅の中でその子を祀った仏壇に向き合っていますが、わが子が亡くなったことに納得できないのか、納骨もしていないんです。

２０１３年の春頃の話ですから、あの津波から2年ほど経っています。

簡易仏壇の横に吊るされた学生服を思い浮かべながら、男の子は再び言いました。

『お父さんは、僕がその学生服を着るのをすごく楽しみにしていたのに、ぼく……。ぼくは、地獄に落ちるんですか？』

すると住職さんは大きくかぶりを振りました。

『そんなことはない、絶対にそんなことはない。親より先に死んだから親不孝だなんて、そんなことがあるはずはない』

男の子は安心した表情で、『住職さんにお願いしたいことがあります』と言うんです。

住職さんは『なんだ？』と尋ねたのですが、それを聞いたとき、これまで死者にさんざんお願いばかりされていたわたしは、『ああ、やっぱりまたお願いシリーズか』と思いました。ところが、その男の子はいきなり『寺の子になりたい』と言ったんです。想像もしなかった言葉に、わたしはびっくりしました」

寺の子というのは、お寺の跡継ぎになるというよりも、お寺に住み込んで修行するというような意味で言ったのだろう。
意外な返事に、金田住職も「えっ、寺の子？」と驚いていた。

「わたしは、その子がなぜ寺の子になりたいのかすぐわかりました。肉体のない魂にできることは一つだけです。きっと住職さんもわかったのでしょう。なんで寺の子になりたいんだとはあえて訊かず、『いいよ』とやさしく言いました。

『寺の子になりな。一緒に暮らそうな』

その子の表情がほころびました。

男の子は、自分はなんて親不孝なことをしたんだとずっと悔やんでいました。だから、お寺の子になって、お父さんのために祈りたいと思ったのです。生きているお父さんが、自分の死を乗り越えて幸せになるようにと、祈りたかったのです。

わたしはその時手を合わせていたのですが、その子は住職さんの言葉を聞くと静かにわたしの体から出て行きました。これも初めての体験でした。

わたしは亡くなられた方と住職さんをつなぐ中継器で、住職さんは亡くなられた方とわたしをつなぐ中継器です。わたしの中に入った死者をわたしの体から出す場合、通常はわたしがヨイショと押し上げて、住職さんがお経を読んで引き出すという共同作業になります。それなのに、あの子は、わたしたちに伝えたいことだけ伝え、寺の子になれるとわかったら、すっと自分から出て行ったのです。説得されたのではなく、自分の意思で出て行ったのは初めてでした」

男の子は成仏が目的じゃなかったから、光の世界に連れて行くことも、その中に押しやることも必要なかった。天井近くの窓から差し込む光が、住職と男の子の上に降り注ぎ、高村さんは荘厳な宗教画を見ているようだったという。それは、まるで時間がとまったかのような光景だった。

金田住職も出て行ったのはわかったが、かといって男の子の姿が見えるわけではない。でも、男の子の意図がわかったのか、正座し直した。

生者のために、死者が祈る

「君とお父さんのために祈るから、一緒に手を合わせような」

住職はそう言うと、その小さな部屋でお経を読み始めた。

「ふと見ると、住職さんの横にその子も正座して、必死に拝んでいるんです。住職さんがお経を読むのに合わせて、生きているお父さんのために手を合わせて、懸命に拝んでいる姿を見たとき、なんだかそれまでとは違った透明な気分になりました。

肉体をなくしても、生きている人のために、死んだ人が祈る世界があるという事実

――、わたしにはものすごい衝撃でした」

これまで、僕も津波で家族を喪った人たちから何度も話を聞いてきて、成仏してほしいとは言わないまでも、もう苦しまないでほしい、私たちのことは心配しないでほしい、あの世でも腹いっぱい食べてほしいなどと、生者が死者のために祈るものだと思っていた。ところが、この男の子は、津波が自分の未来を奪ったというのに、自分の死を悔いることなく、遺された父親のためにひたすら祈っていたという。

「これまでの出来事で、わたしが彼(霊)らに同情して涙を流したのは、最後に憑依させたこの子だけでした。それまでわたしの体に入って暴れまわった大人たち(の霊)に、『この子を見ろ!』と言いたかった。子供の方が大人よりも、素直に自分の死を受け入れたことも印象的でした。自分の骨の前で、独りぼっちで手を合わせているお父さんのために、寺の子になって毎朝住職さんと一緒に手を合わせて祈っている子供がいると知ったら、世の中で突然わが子を喪って悲しんでいる人の中には、世界観が変わる人もいるんじゃないかと思ったのです。死んだ人が祈る世界があることは、わたしには天地がひっくり返るほどの衝撃でした」

帰り道、運転しながら涙が止まらなかったという。

「その生きにくさは、あなたのせいじゃない」

この体験で、彼女は救われたように思ったという。

「うまく言えないのですが、当時はわたしのこういう個性のせいで、ずっと生きにくさを感じていて本当にうんざりしていました。これからもこの体質で生きていくのが苦痛で仕方がなかった。良くないことが起きれば、その原因は自分にあると考える性格ですから、余計に苦しんできました。地縛霊になりかけた大学生が言ったように、『なんで、わたしなんだ！』とずっと思っていたのです。でも、この男の子から『その生きにくさは、あなたのせいじゃない』と教わったような気がします。

『僕は地獄に落ちますか』と泣く男の子に、そんなはずがない、誰も悪くないよと思ったように、恨めしかったこの体質も、これまでの出来事も、この生きにくさも、誰も悪くないんだと思えるようになったのです。大学生とは違った意味で、男の子はわたしの気持ちを代弁してくれたような気がします。

わたしもこの男の子のように、自分の気持ちをもっと素直に打ち明けていたらまた違ったのかもしれません。仏教に諦念《ていねん》という言葉があります。悟ったわけではありませんが、やっと諦めの境地に立つことができた気分でした。だから今度は、わたしがそれを伝える側になりたいと思ったのです」

悪夢からの脱出

彼女はずっと怒っていたように思う。

いきなり赤の他人の霊が憑依したかと思うと別人格になる。「霊能者と呼ばれる人はたくさんいるのに、なぜわたしだけがこんな目に遭うの?」、そんな怒りだった。いきなりステージⅣと診断されたがん患者の気持ちに似ているかもしれない。

そのことで彼女には精神病ではないかという不安がつきまとった。しかし、それも全て自分の意思とは無関係に、強引に彼女の中に入ってきた霊たちのせいだ。彼女が「レイプ」という激しい言葉を使ったのも、こうした強い怒りの裏返しだろう。おかげで「病気かもしれない」と「病気じゃないかもしれない」の間で揺れ続けた。それもこの12歳の少年を最後に、これといって彼女を悩ませるような現象は起きていない。だから終わったと言えば終わったことになるのだが、彼女の中では終わった気持ちはさらさらなかったという。

「わたしにとってはずっと生傷を負っている気分でした。この体験は一日も早く風化させたいのに、いつまで経っても風化してくれません。荒療治で誰かにしゃべってしまうことも考えましたが、注目を集めるのが怖くてできませんでした。生傷にようやくカサブタができたと思ったら、ふとしたことで再び血を流す。そんなことが繰り返され、とても苦痛で不安でした。東日本大震災からもうすぐ10年という頃になってようやく、どこかで区切りをつけてきちんと治そう、たとえ傷痕が残ってもいいから、この状態を終わらせるために表へ出よう、そう思ったのです。そんなわたしの支えになってくれたのが、おにぎりが食べたいと言った高校生と、この12歳の少年でした」

長い語りの最後に、高村さんはこう言った。

「あまりにもリアルな夢から目を醒まして、ああ怖い夢だったと思ったら、それも夢だと気づくような、そんなループの中にいるような日々でした。あの出来事が本当だったのか、今もわたしにはわかりません」

ふと、能で演じられる世阿弥の「井筒《いづつ》」を思い出した。

廃寺になった在原寺《ありわらでら》でまどろむ僧の夢の中に、霊になった在原業平《なりひら》の妻があらわれる。業平の形見の衣と冠を身につけた彼女は、業平を追慕しながら静かに舞い、井戸の水に自らの姿を映して業平との幸せな日々を懐かしむ。夜が明けると女は姿を消し、僧も夢から醒めるという物語だ。はて、高村さんはまどろむ僧で、僕は僧の夢物語を聞かされていたのだろうか。

憑依した霊を全て供養して光の世界に送ってもらったあと、高村さんは家庭の事情でしばらく宮城県を離れることになった。その惜別の日、金田住職は最後に「受戒《じゅかい》」という儀式を彼女に行った。お釈迦様が人間として正しい生き方をするために教えた戒を授けたのである。これによって高村さんはお釈迦様の弟子になったことになる。

この時、住職夫人は、夜っぴて縫ったお遍路さんが着るような白衣に、住職が筆で経を書き入れた経帷子《きょうかたびら》を、お守りにと渡した。住職夫妻は、我が娘を送り出すような気持ちだったという。それ以来、彼女を苦しめるような異変は一度も起こっていない。

扉を閉じた後で

「人は死んだらどこへ行くのか?」

おそらく人類が誕生して以来、永遠のテーマだったはずだ。宗教が「天国」や「浄土」といった死後の世界を提供したのも、それに応えるためだったろう。「あの世」なんてフィクションであって、人は死ねばチリになると教えられてきた世代には、死後の世界なんておとぎ話にすぎないが、考えてみれば、千数百年にわたって何十億人という人が「あの世」を信じてきたことを考えると、死後の世界を信じなくなった現在こそ異常な時代なのかもしれない。

たまたまテレビをつけたら、死んだ狸に枯れ葉がかけられている場面が映り、動物カメラマンの宮崎学さんが、カラスに食べられないように死んだ狸の仲間が隠したのだろうと言っていた。死骸を枯れ葉で包んだのなら葬送ではないか。

死んだらチリになる――。もしそうであるなら、カラスに食べられようが放っておけばいいものを、なぜ狸は弔うかのような行動をとったのだろう。もし弔ったとすれば、死者はどこへ行くのかと考えていても不思議ではない。

手話を教えられた「ココ」というゴリラは、「ゴリラは死んだらどこへ行くの?」

と尋ねられ、「苦しみのない穴に」と答えたというエピソードはよく知られているが、死者に思いを馳せ、あるいは死者のゆくえを想像するのは人間だけではないということだ。霊性は、人間だけに与えられたものでないなら、高村さんの話の中で、原発事故で餓死した犬が人間と同じように登場したのも、あるいは当然のことかもしれない。

古代の日本では、「この世」と「あの世」の境目は厳密に区別されていなかったし、むしろ連続性のある同質のものと考えられていたという。死者の魂は遠い天国や浄土よりも、現世のそばにいるという感覚だったようだ。「霊魂」を発見した人間は、「あの世」があるかどうかより、あって当然であり、むしろ「あの世」はどんな世界なのか知りたいと思ったに違いない。『日本霊異記』や『日本往生極楽記』といった書物によって、死者が行く世界のイメージを膨らませていたのかもしれない。

「あの世」が存在するかどうかなんて考えたこともなかった僕が、高村さんの話を聞いているうちに、なんとなくありそうに思うようになったのはイメージすることができたからで、今よりも死者との距離が近かった古《いにしえ》の人たちにすれば、「あの世」はあって当然だったはずだ。

考えてみれば、死ねばチリになるなんて、こんな怖い話はない。死ねば消滅するより、死んでも行き先があるという感覚の方が、社会性をもった人間には極めて自然なことではないだろうか――。彼女が語る物語を、僕はそんな思いで聞いていたものだから、その物語を聞き終えた時は、夢幻から醒めたような気分だった。

この物語を書いたきっかけは本文でも述べたが、初めて通大寺を訪ねたその日は土砂降りで、境内で予定していた西馬音内盆踊りができず、規模を縮小して本堂でやろうと準備している最中だった。祭のために設えられた薄暗くぼんやりとした灯りの中で聞く金田住職の語りは、まさしくファンタジーのようであり、秘密めいた告白のようでもあり、失礼ながらワクワクしながら聞き入ってしまった。その後も金田住職から話を聞いたが、まるで自分が柳田国男になって現代版『遠野物語』を聞いている気分だった。

ただ、これを一冊の本にまとめるとなると、ハードルが高すぎてとても無理だろうと諦めていた。それから1年半ほど経った頃だ。講談社の西川浩史さんに、金田住職の話をしたところ、案に相違し、「面白いですねぇ」と反応してくれた。そのうえ、「一緒に金田さんに会いに行きましょう」とまで言われたのである。おかげで金田住職のご紹介で高村英さんから話を聞けるようになり、さらに「現代ビジネス」で連載しながら取材を続けることもできたのだから、本書の刊行は彼の存在抜きには語れない。

金田さんの紹介で初めて会った頃の高村さんは、体の奥から「怒り」が噴き出しそうな気配を漂わせていた気がする。「レイプ」とか「二重に殺す」とか、穏当でない表現もたびたびで、話を聞いている僕自身、緊張しっぱなしだった。それが取材の終盤になると、怒りのようなものはすっかり感じなくなっていた。たぶん、語ることによって、そして彼女自身がこれまでの顚末を文字にすることによって、自分の体験が整理されていったのだろう。

通大寺の金田諦應さん、そして高村英さんには、僕が取材で伺うたびに長時間話を聞かせていただいたことに深く感謝したい。京都大学のカール・ベッカー先生、同アンドレア　デ・アントーニ先生には大変お世話になった。また宮城県南三陸町「歌津地区復興支援の会一燈」代表の小野寺寛さんには、南三陸地方の方言について教えていただき、あらためてお礼を申し上げたい。

奥野修司

【著者略歴】

奥野修司（おくの　しゅうじ）

ノンフィクション作家。『ナツコ——沖縄密貿易の女王』で、講談社ノンフィクション賞と大宅壮一ノンフィクション賞を受賞。『ねじれた絆——赤ちゃん取り違え事件の十七年』『心にナイフをしのばせて』『魂でもいいから、そばにいて——3・11後の霊体験を聞く』ほか著書多数。

死者《ししゃ》の告白《こくはく》　30人《にん》に憑依《ひょうい》された女性《じょせい》の記録《きろく》

二〇二一年七月一三日　第一刷発行

著者　奥野修司《おくのしゅうじ》

発行者　鈴木章一

発行所　株式会社 講談社

東京都文京区音羽二丁目一二—二一　〒一一二—八〇〇一

電話［編集］〇三—五三九五—三五二二

［販売］〇三—五三九五—四四一五

［業務］〇三—五三九五—三六一五

印刷所　豊国印刷株式会社

製本所　大口製本印刷株式会社

定価はカバーに表示してあります。

KODANSHA

ISBN978-4-06-523403-7 N.D.C.380 270p 20cm